영재교육의 실제적 전략 시리즈

series editors

Frances A. Karnes & Kristen R. Stephens

이중특수 학생을 위한 성공전략

Successful Strategies for Twice-Exceptional Students

Kevin D. Besnoy, Ph.D. 지음

윤여홍 옮김

아카데미프레스

Successful Strategies for

Twice-Exceptional Students

차 례

역자 서문

외국에서 장애를 가진 영재학생의 교육 사례를 보면서 부러워한 적이 있다. 이 학생은 장애에 대한 특수교육 서비스뿐만 아니라 영재를 위한 영재교육 서비스를 동시에 받고 있었기 때문이다. 그러나 우리나라는 영재 아동에 대한 관심은 높아져 있지만, 특정한 문제를 가진 영재 아동에 대한 관심은 거의 전무한 편이다. 영재에 대한 높은 학업 성취와 완벽한 성공을 기대하는 많은 사람들에게 영재가 학습장애와 같은 문제를 지니고 있음을 이해하기는 매우 어렵다. 학습의 문제로 인해 이들을 영재로 보지 않기 때문이다.

실제 교육현장에서는 영재라고 하더라도 학습의 어려움을 가진 경우를 발견하는 일이 드물지 않다. 학습장애를 지닌 영재의 판별과 교육 서비스는 일반 학습장애나 장애가 없는 영재의 것과는 달라야 한다. 그에 맞는 적절한 교육 서비스를 제공해 준다면 이들은 자신의 영재성을 최대로 잘 발휘할 수 있게 된다.

그런 면에서 Kevin Besnoy는 이제 관심을 두기 시작한 영재 또는 학습장애 전문가에게 많은 조언을 주고 있다. 이 책은 학습장애 영재 아동에 대해서 정의와 특성을 쉽게 이해하도록 설명해 주고 있으며, 그들에게 필요한 교수 학습과 시설, 학습 전략, 지도방법 및 법적인 내용까지 간결하게 잘 소개하고 있다. 이러한 핵심적인 내용은 영재교육 전문가에게 실질적인 도움을 주고 학습장애 영재의 성공을 위해 지원할 수 있게 도와줄 것이다.

2008년 9월

역자

시리즈 서문

『영재교육의 실제적 전략 시리즈』는 교사, 상담가, 교육행정가, 부모 그리고 그 외에 이 분야에 관심이 있는 사람들에게 영재교육 분야에서 많이 논의되는 다양한 이슈들에 대한 최신 교수 기법과 정보를 제공해 준다. 이 시리즈의 각 권은 영재교육 분야에서 권위 있는 학자들에 의해 많이 논의되는 주제를 중심으로 소개되고 있다. 대표적인 주제는 다음과 같다.

- 영재 학습자들을 가르치기 위한 속진 전략
- 교육과정 압축: 잠재성이 뛰어난 학생들을 변별하기 위한 첫걸음
- 영재 학습자들을 위한 심화 기회
- 영재 학습자들을 위한 개별 연구 활동
- 영재학생들에게 동기 부여하기
- 영재아들을 가르치기 위한 질문 전략
- 사회적 · 정서적 교수전략
- 영재 학습자들을 위한 매체공학 사용하기

들어가는 글

Frank W. Woolworth는 어린 아동 시절 학교에서 어려움을 겪었다. 그는 자기 학급 또래 아동과 보조를 맞추는 데에 힘든 시간을 보냈으며, 선생님은 그를 '느림보'라고 불렀다. 비록 학교에서는 그다지 성공하지 못했지만, 어린 Frank는 사업 세계에서 꽤 많은 성공을 거두었다. 가족을 돕기 위해 그는 지방의 식료품 가게에서 물건을 정리하는 일을 도와주기 시작했다. 그는 5센트짜리 물건들을 계산대 근처에 놓아두는 것을 생각해 냈다. 이런 생각은 오늘날에는 그다지 혁신적인 아이디어가 아닌 것처럼 보이지만, 그 당시에는 매우 혁명적인 것이었다. Frank Woolworth가 성공적인 사업가가 되는 데에 '느림보'라는 딱지는 결코 방해가 되지 않았다.

1879년에 그는 뉴욕 주 유티카에서 첫 번째 가게를 열었다. 1911년까지 F. W. Woolworth 회사는 미국 전역과 다른 나라에서 약 1,000여 개 이상의 가게를 지니게 되었다. F. W. Woolworth의 성공은 학습장애를 지닌 영재학생이 성공할 수 있음을 보여 준 사례가 되었다. 이중특수 학생이 자신의 잠재성을 최대로 발휘하기 위해서는 적절한 교수 학습 전략이 필요하다. 이것은 장애를 보상하기 위해 자신이 지닌 강점을 활용할 수 있도록 하는 것이다.

개관

이해하기는 어렵겠지만, 아동이 영재성과 장애 두 가지를 모두 갖는 것이 가능하다. 학습장애 영재학생의 복지에 관심을 가진 모든 사람들은 이들에게 적절한 교육을 제공하도록 노력해야 한다. 이러한 목적을 달성하기 위해, 우리는 먼저 영재성과 장애가 그들에게 어떻게 나타나는지를 이해해야 한다.

학습장애를 가진 영재학생에게 적절한 교수전략을 제공하기 위하여 그들의 학습 및 정서 · 사회적 특성을 이해할 필요가 있다. 이중특수 학생이 자신의 잠재성을 최대로 발휘할 수 있도록 하기 위해 교사, 부모와 학생은 함께 일해야 한다. 중재전략으로 자기 효능감을 북돋워 주어야 하며, 강점 영역을 증진시키고, 자신의 장애를 보상할 수 있는 대처전략을 제공해야 한다.

Hannah와 Shore(1995)는 학습장애를 가진 영재학생은 이중적이라고 말한다. 그들의 영재성은 뛰어난 상위 인지적 기술을 가지고 있다는 것을 의미하지만, 반면에 그들이 가진 학습장애는 상위 인지적인 기술이 부족하다는 것을 제안하고 있다. 이러한 상반된 이중성 때문에 이중특수 학생의 특성을 적절하게 정의를 내리는 것은 매우 어렵다. Susan Baum(1990)은 이중특수 학생들을 세 개의 범주로 나누고 있다. 첫 번째는 영재로 판별받았으며 학습장애는 미확인된 경우, 두 번째는 학습장애로 판별받았으나 영재성은 발견되지 않은 경우, 세 번째는 영재성과 학습장애 두 가지 모두 다 발견되지 않아서 일반 학생으로 보이는 경우이다.

판별된 영재학생

경미한 학습장애를 가진 영재학생은 쉽게 판별되는 경향이 있다. 첫 번째 집단은 성취검사와 IQ검사에서 높은 점수를 얻기 때문에 교육자들이 이들을 영재학생으로 쉽게 인식한다고 Baum(1990)은 인정한다. 그러나 이 집단은 미성취 경향을 가지고 있어서 학년이 높아질수록 미성취가 두드러진다. Baum은 이러한 미성취가 낮은 자아개념이나 동기 부족에 기인할 수 있다고 제안하고 있다. 더욱이 학습장애를 가진 학생은 학습이 어렵고 고통스런 과정임을 알게 된다고 Vaidya(1993)는 지적하고 있다. 이러한 학생들은 학교 생활을 거쳐 대학 입학이 허가되면서 더욱더 학습 과정에서 좌절하게 되고, 결국 잠재성과 성취 사이의 격차가 더 벌어지게 된다. 이러한 학생들은 글씨 쓰기 및 철자 학습을 잘 못하고(Fetzer, 2000), 높은 언어 능력을 지니고 있으나(Little, 2001), 쉽게 잊어버리고, 성실하지 못하며, 산만한 경향이 있다(Baum). 교사와 부모는 이런 학생들이 잠재성을 지니고 있다는 것을 알기 때문에 학생의 진보가 더딘 것에 좌절하게 된다. 관심 있는 어른들은 이러한 학생들이 자신의 잠재 수준에 도달하기 위해서 좀 더 열심히 노력할 필요가 있다고 믿는다고 Baum은 말한다. 그러나 적절한 중재 프로그램이 없이 노력만 많이 한다고 해서 성취를 이끌어 내지는 못한다.

이러한 학생들이 지닌 학습장애는 그들이 받는 대부분의 교육에서는 전혀 밝혀지지 않고 지나게 된다고 Brody와 Mills(1997)는 언급하고 있다. 이러한 경시는 이 학생들에게 진정 염려되는 점이다. 왜냐하면 자신의 재능을 키우는 데 필요한 기술을 갖고 있지 못하기 때문이다. Baum(1990)에 의하면, 비록 더 많은 노력이 성취를 이루는 데에 필수 요건이지만, 진정한 문제는 어떻게 이러한 학생들이 자신의 장애를 보상할 수 있을 것인가 하는 데에 있다. 장애가 판별되어야 교육자는 이중특수 학생들에게 적합한 사회적 · 교육적 대처 기술을 가르칠 수 있을 것이다.

판별된 학습장애 학생

이중특수 학생의 두 번째 범주는 학습장애로 판별된, 그러나 영재성은 아직 인정받지 못한 경우이다. Fetzer(2000)는 이러한 학생들이 학습장애 학급에 자주 배치된다고 보고하고 있다. 일반적으로 말하자면, 그들은 보통으로 잘 행동하는 학생들이다. 흥미롭게도 그들의 장애는 자신의 지적 수행 수준을 저하시키기 때문에 영재를 위한 서비스에 거의 의뢰되지 못한다(Brody & Mills, 1997). 이 학생들이 받는 서비스는 거의 단순하게 장애만을 다룬다. 부모와 교사들은 학생의 영재성을 인식하지 못하기 때문에 학생이 갖고 있는 문제에만 초점을 두게 된다고 Baum(1990)은 언급하고 있다. 이러한 학생들은 집에서는 높은 수준의 흥미를 갖고 있는 점이 보여도, 학교에서는 그들의 장점과 흥미가 거의 고려되지 못한다.

더욱이 학습장애라는 명명 때문에, 이러한 학생들은 고등학교를 졸업하지 못하거나 또는 성공적인 성인 생활을 영위해 나가는 데에 꼭 필요한 지식이나 기술, 태도를 습득하지 못한 채 학교를 졸업하는 위험에 놓이게 된다. 이중특수 학생 집단을 기술하면서, Baum (1990)은 그들이 경험하는 학업 실패감이 일반화되어 전반적으로 부적절감을 느끼기 시작한다고 설명하고 있다. 적절한 중재가 없는 한 이 학생들은 학업 면에서 힘겨운 싸움을 하게 된다.

영재 또는 학습장애로도 판별되지 못한 학생

이중특수 학생의 세 번째 범주는 평균 수준의 성취로 인해 영재성과 학습장애가 둘 다 감추어진 아이들이다. Brody와 Mills(1997)는 아마도 이들이 이중특수 학생들 중 가장 큰 집단일 것이라고 주장하고 있다. 사실 그들의 영재성은 학습장애를 덮어 가리고, 학습장애는 그들의 영재성을 덮어 가린다(Baum, 1990). 이 학생들은 사회과목 같은 특정 과목에서 매우 뛰어나다고 할지라도, 성취도 검사와 수강 과목에서는 자기 학년 수준 정도로 수행을 하는 경향을 보인다. 뿐만 아니라, 이 학생들은 교실에서 적절하게 행동하는 경향도 보인다. 이 두 가지 요인 때문에 이 학생들은 이중특수 학생으로 판별받기가 어렵다. 감추어진 재능과 장애가 특별한 내용에서는 표면 위로 나타나거나 교사의 독특한 교수법에 의해서 드러난다고는 하지만, 거의 대학생이나 성인이 될 때까지 일반적으로 장애가 발견되지 못한다고 Baum은 언급하고 있다.

위에서 언급한 세 가지 범주와는 상관없이 모든 이중특수 학생은 독특한 특성을 지니고 있으므로 교사나 부모, 학교 관계자들은 이러한 점들을 언급해야 한다. 그들이 지닌 여러 가지 필요를 충족시키기 위해, 교육자와 부모는 협력하여 중재전략을 개선해야 한다 (Baum, 1990; Brody & Mills, 1997; Winebrenner, 2003). 더욱이 학습장애를 가진 영재학생은 영재성과 장애의 두 가지가 다 포함된 지도를 받아야만 성공할 수 있다.

법 률

이중특수 학생을 돕기 위해서는 교육과 장애에 관한 법률을 잘 아는 것이 중요하다. 효율적인 변호사의 역할을 잘 수행하기 위한 준비로, 부모와 교사, 학교 관계자 및 학생의 책임을 이해하는 것이 필요하다. 교육 분야 밖의 많은 사람들에게 (그리고 그 분야 내부의 많은 사람들에게도) 1973년 재활법 제504조와 장애아교육법(IDEA)은 같은 뜻으로 사용된다. 그러나 실제로 이 두 개는 분리된 법이며 학교, 부모, 교사 그리고 학생에게 파생되는 결과가 다르다.

이 두 개의 법은 다소 중요한 유사성을 가지고 있다. 첫째, 두 개의 법은 장애를 가진 개인을 보호하기 위해 만들어졌다. 그리고 각각은 장애를 가진 개인이 적절한 공교육을 자유롭게 받을 권리를 제공하고 있다. 마지막으로, 이 두 개의 법은 모두 개별화 교육을 받도록 개인을 보호하고 있다.

몇 가지 유사점이 있지만, 변호사 역할을 하기 위해서는 각각의 법이 장애를 가진 영재학생에게 어떻게 영향을 주고 있는지를 이해하는 것이 중요하다. 제504조는 공교육과 사교육 프로그램에서 모두 연방정부의 기금을 받는 데에 장애로 인한 차별을 금지하는 시민권리법이다. 그러나 제504조는 개별화 교육 프로그램을 보장해 주지는 않는다. 이 법은 오직 학교 교육청에서 장애를 가진 학생을 위해 필요한 지원을 하도록 요구하고 있다고 deBettencourt(2002)는 언급하고 있다.

반대로, IDEA는 주 정부와 지방 교육 운영기관들이 유자격자 학생에게 특수교육 및 관련 서비스를 보장하기 위해 연방정부 기금을 제공하는 교육헌장이다. 이 법의 목적은 주 정부와 지방 교육 운영기관들이 장애 학생에게 최소로 제한된 환경에서 자유와 적절한 공교육을 제공하는 것을 확실히 하기 위함이다.

Rosenfeld(n.d.)에 의하면, 제504조의 목적은 사회가 좀 더 장애 학생에게 가까이 다가가도록 만드는 데에 있다고 한다. IDEA는 학교가 장애가 없는 학생들에게 제공되는 일반 프로그램을 제공하면서 동시에 치료교육 서비스를 제공할 것을 요구하고 있다(부록 A 참조). 다음 부분에서는 제504조에 맞는 적절한 계획과 개별화 교육 계획(IEPs)을 발전시키기 위한 실질적인 도움말과 권리에 관한 전반적인 내용을 제시하고 있다.

제504조

제504조에서는 장애를 넓은 의미로 규정짓고 있다. 이 법에 의하면, 장애를 가진 개인이라 함은 한 가지 또는 그 이상에서 생애 활

동에 제한을 주는 신체적 또는 정신적 결함을 현재 가지고 있거나, 전에 가졌던 경력이 있거나, 가진 것으로 지각된 사람을 일컫는다. 교육 현장에서 장애의 결과로 인해 제한을 갖는 가장 주요한 생애 활동은 학습이다(1973년 재활헌장; Sevier County Department of Education, 2004a). 제504조는 장애를 가진 것으로 지각되거나 가졌던 적이 있다는 내용을 통해 지각되거나 경력이 있었던 결과만으로 차별이 일어나지 않도록 개인을 보호할 자격을 갖고 있다(Yell, 1998). IEDA에는 포함되지 않지만 제504조에는 포함된 장애의 예로는 신체적 상해 그리고/또는 다른 신체적 결함, 알코올이나 약물 중독, 의사소통적 질병, 그리고 HIV 바이러스(후천성 면역결핍증) 등이 있다.

IDEA에는 포함되지 않지만 제504조에는 포함되는 학생들은 제504조에 맞는 계획을 받을 권리를 부여받고 있다. 이 계획의 목적은 장애 학생들이 일반 학생들과 동등하게 접근할 수 있도록 학교 건물, 교실, 프로그램 또는 서비스를 구축하여 제공해야 하는 지원 내용을 상세하게 밝히는 데에 있다(부록 B 참조). 변경 안은 다음의 내용을 포함하고 있으며, 이것이 전부는 아니다.

- 장비의 재디자인
- 교실이나 다른 서비스를 근접할 수 있는 위치로 재배치
- 보조기기의 배치
- 기존 시설의 개조
- 신규 건물
- 약물 제공(Sevier County Department of Education, 2004a;

Smith, 2002)

각 학교 프로그램과 활동도 장애를 가진 학생들이 쉽게 접근할 수 있어야 한다. 프로그램과 서비스는 다음의 내용을 포함하고 있으며, 이것이 전부는 아니다.

- 상담
- 시합용 또는 오락용 운동
- 수송 수단
- 건강 서비스
- 특별한 흥미 집단이나 동아리 모임
- 학생 고용(Savier County Department of Education, 2004a; Smith, 2002)

제504조－학교와 학교 지역 담당 교육청의 책임 사항

학교와 학교 지역 담당 교육청은 제504조를 준수하기 위하여 필수 요건을 갖추어야 한다. 특수교육 관계자는 각 학교가 법률을 준수할 것을 보장해야 하지만, 지원 내용의 관리 책임은 학교 정규교육 프로그램이 맡고 있다. 게다가 제504조에 의해 제공되는 학생 서비스는 특수교육 예산 내에서 지불되어야 한다. 특수교육 책임 사항은 다음의 내용을 포함하고 있다.

- 법률이 정하는 다양한 필수 요건들이 충족될 수 있도록 제504조 담당 코디네이터를 배치시켜서 책임을 지고 학교가 필요로 하는 자료를 보급하는 데에 도움이 되도록 하기

- 불평불만이 해결될 수 있도록 공식적인 절차 만들기
- 모든 지역 교육청 관계자들이 제504조의 사항을 따르고 있는지 확인하기
- 법의 의미와 요구 사항에 따라 지속적으로 직원을 개발하기
- 제504조에 의거한 서비스를 받을 자격이 있는 학생들을 발견하고 평가하기. 그리고 자격을 갖춘 학생들에게는 무료로 적절한 교육을 제공하기(Rehabilitation Act of 1973; Sevier County Department of Education, 2004a; Smith, 2002)

제504조－부모/보호자의 책임 사항

부모와 보호자는 자녀의 유력한 옹호자가 될 수 있다. 학교가 특정한 책임을 지고 있듯이, 부모와 보호자들도 다음과 같은 일을 함으로써 책임감을 지녀야 한다.

- 문제가 심각해지기 전에 먼저 학교 관계자들과 함께 관련 사항에 대해 의사소통하기
- 제504조 모임에 적극적으로 참여하여 활동하기
- 가정에서 지원하기(Rehabilitation Act of 1973; Sevier County Department of Education, 2004a; Smith, 2002)

제504조－학생의 책임 사항

제504조 모임에 학생을 참가시키는 것이 중요하다. 왜냐하면 이것은 학생들에게 힘을 실어 주고, 그들에게 조절 의식을 느끼도록 해 주기

때문이다. 또한 그들에게 교육과 관련한 요구 사항을 언급할 기회를 제공해 준다. 마지막으로, 학생들로 하여금 학교 관계자들이 학생들의 성공을 돕기 위해 일하고 있다는 것을 보도록 해 준다. 학생들의 책임 사항은 다음의 내용을 포함하지만, 이것이 전부는 아니다.

- 적극적으로 제504조 모임에 참석하기
- 부모와 교사 및 학교 관계자들과 협력하기
- 고등학교 이후의 교육 프로그램을 받을 권리에 익숙해지기 (Rehabilitation Act of 1973; Sevier County Department of Education, 2004a; Smith, 2002)

제504조 계획을 세우는 것은 긴 여정이 될 수도 있다. 물리적 · 행동적 · 교수 학습적인 지원이 모두 잘 이루어졌다고 확신하기는 어렵다. 부모나 교사, 그리고 학생이 서로 신뢰로운 관계를 형성해야 적절한 계획을 잘 만들 수 있게 된다.

시나리오

Bill: 학습장애를 지닌 영재학생

Bill은 2학년 학생으로, IQ가 140이 넘는 영재로 판명되었다. 그러나 그는 읽기를 힘들어했고, 학업 성취는 그의 능력과는 사뭇 달랐다. 불행하게도 Bill이 인생의 주요한 활동에 부정적인 영향을 줄지도 모르는 학습장애를 지녔을까 걱정한 선생님은 학교 교사 지원 팀에 그를 의뢰하였다. 그의 학업 내용과 수준을 전반적으로 검토한 뒤, 지원 팀은 Bill의 부모를 만나 학습장애 진단을 위해 검사를 받게 하기로 결정하였다.

검사 결과, Bill은 읽기장애를 지닌 것으로 나타났으며, 지원 팀(Bill의 부모와 Bill을 포함한)은 제504조 계획을 세웠다. 지원 내용에는 선행 조직도(advanced organizer)의 사용과 정리정돈 전략을 훈련시키는 것이 포함되었다. 지원 팀은 영재교육을 포함한 모든 교육환경에 이 전략들을 적용하도록 하였다. 또한 Bill의 부모님은 이러한 사항들을 가정에서도 강화시키는 데 동의하였다.

8주 뒤, Bill의 학업 성취는 향상되었다. 아직 그의 능력 수준에 맞는 성과를 거두고 있진 못했지만, 그는 평균 이상으로 잘 수행하고 있었다. 그래서 IDEA의 적임자가 될 정도까지 차이가 유의미하게 심하진 않았다. 지원 팀은 Bill의 지원 사항들을 계속 유지하기로 결정하였으며, 그의 발전 여부를 3년 동안 지켜보기로 하였다.

IDEA

2004년 가을, 국회는 IDEA 법률 제정을 다시 허가하였다. 재허가된 조항은 장애를 지닌 영재학생들을 인정하고 있다. 결과적으로, 미 교육부는 이중특수 학생들을 교육기금을 받을 수 있는 집단의 하나로 인정한 것이다(IDEA, 2004; NAGC, 2004). 법 제정은 장애를 지닌 영재학생들의 요구를 인식함으로써 이중특수 학생들에 관한 연구를 진행하는 단체들에게 연구비를 지원해 주도록 허락하였다.

IDEA에서는 다음과 같은 장애를 포함하고 있다.

- 자폐증
- 정신지체
- 청각장애-시각장애
- 청각 결함(청각장애를 포함)
- 말 혹은 언어장애
- 시각 결함(시각장애를 포함)
- 중복장애(청각장애-시각장애는 제외)
- 심각한 정서장애
- 정형외과적 장애
- 외상적 뇌 손상
- 다른 건강상의 결함
- 특정 학습장애

많은 아이들이 장애를 지녔지만 장애를 지녔다는 것만으로 자동적으로 특수교육 서비스를 받을 수 있는 자격이 주어지는 것은 아니다. IDEA로부터 특수교육 서비스를 받기 위해서는 장애가 교육 활동을 방해하는 부정적인 영향을 끼쳐야 한다. 연방 법률은 의심되는 장애와 관련된 모든 분야에서 아이를 평가해야 함을 필수 항목으로 지정하고 있다. 아이는 의심되는 장애, 심지어는 건강, 사회 · 정서적 상태, 그리고 근육 활동 능력과 관련된 모든 영역에서 검사를 받아야 한다. 아이가 처음에 검사를 받기 전에 부모에게 공지해서, 평가가 진행되기 전에 부모의 허가를 반드시 받는 것을 필수 요건으로

하고 있다. 학업 성취에 부정적인 영향을 주는 장애가 발견되면 개별화 교육 프로그램(IEP)을 만들기 위해 지원 팀이 구성된다.

IEP는 아이의 강점, 약점, 그리고 요구 사항에 관한 정보를 담고 있다. 여기에는 매년 측정 가능한 목적과 변경 사항에 관한 설명 및 아이가 참여하는 활동과 참여하지 않는 활동에 관한 내용이 언급되어 있다. 일단 아이가 고등학교에 진학하면, 고등학교에서부터 졸업 후의 교육과 직업으로 이동할 방법에 관한 세부 사항을 계획한다.

IEP 팀은 학생, 부모, 정규학교 교사, 특수교사, 영재교사, 관리자, 학교 심리학자, 그리고 관련된 서비스 관계자들로 구성되어 있다. IEP 팀의 목적은 학생의 학업적 · 사회적 · 직업적 요구를 정확히 파악하는 것이다. 더 나아가서 이 팀은 이러한 요구들을 충족시켜 주는 교육 프로그램을 만들 의무가 있다. 여기서 IDEA의 그 어떠한 것도 아이가 특수교육 서비스와 영재교육 서비스를 동시에 받는 것을 막을 수 없다는 점에 주목해야 한다. 과거에 몇몇 학교는 이런 방식으로 법을 이해했었지만, 2004년 IDEA 법률 제정이 재허가되면서부터는 학습장애를 지닌 영재학생들을 이 법에 포함시켜 법의 보호를 받는 것을 명확하게 해 주고 있다.

IDEA－학교와/혹은 학교 지역 담당 교육청의 책임 사항

학교와 학교 지역 담당 교육청은 법을 준수하기 위해서 몇 가지 필수 요건을 갖추어야 한다. 학교는 이중특수 학생들이 최소로 제한된 교육환경에서 학습하도록 허가하는 특수교육 프로그램을 개발해야 한다. '최소로 제한된'이란 말은 학생의 개인적인 요구를 만족시키는 동시에 또래들과 가능한 한 많은 접촉의 기회를 제공하는 교육적 배치로 정의를 내리고 있다. 이 말은 이중특수 학생이 특수교육 서비스를 받는 것과 더불어 영재교육 프로그램에 참여하는 것을 의미한다. 학교가 맡은 특정한 책임 사항은 다음의 내용을 포함하고 있다.

- IDEA에 의거, 특별한 서비스를 받기에 적합한 학생들을 찾고 평가하기
- IEP들을 개발하고 검토하며 수정하는 것과 모임을 주선하고 실시하기
- 학생들이 장애가 없는 또래 아이들과 함께 가능한 한 최대한으로 교육받도록 확실히 하기
- 학생의 기록을 비밀로 유지하기
- 특수교육 과정에서는 부모나 보호자가 동일한 참가자라는 것을 보장하는 절차상의 안전장치를 세우고 실행하기
- 적용 가능한 기술적인 설비와 서비스 제공하기
- 모든 장애 학생들에게 무료로 적절한 공교육이 실시되는지를 확신할 수 있도록 관계자가 주 정부에 설명서 제출하기(IDEA, 2004; Yell, 1998)

IDEA－부모나 보호자의 책임 사항

부모나 보호자가 갖는 가장 큰 책임은 비공식적으로 이중장애 아동의 변호사가 되는 것이다. 많은 사례에서 볼 때, 개별화 교육 프로그램 팀은 장애는 치료하려고 하지만 영재는 무시하려고 한다. 부모나 보호자는 지원 서비스가 장애뿐만 아니라 재능을 다루도록 제공되

어야 함을 확실히 해야 한다. 이 과정에서 부모나 보호자의 역할은 다음과 같다.

- 개별화 교육 프로그램 과정에 적극적으로 참여하기
- 적절한 프로그램 지지하기
- 학생의 강점과 단점에 관한 정보 공유하기
- 측정 가능한 목적과 목표를 세우도록 도와주기
- 가정에서 지원해 주기(Sevier County Department of Education, 2004a; Siegle, 2004)

IDEA－학생의 책임 사항

장애를 가진 영재학생이 대학 입학을 허가받은 후에는 자신의 미래에 대해 책임감을 가질 필요가 있다. 자신의 미래를 관리하기 시작하는 한 가지 방법은 개별화 교육 프로그램(IEP) 과정에 직접 참여하는 것이다. 이러한 참여는 학생들에게 힘을 실어 주고, 자신을 옹호하는 연습을 하게 해 준다. 학생의 역할은 다음과 같다.

- 개별화 교육 프로그램 과정에 적극적으로 참여하기
- 개별화 교육 프로그램 팀에게 교육적이고 개인적인 관심 전하기
- 교사와 부모, 학교 당국과 협력하기
- 측정 가능한 목적과 목표를 세우도록 도와주기(IDEA, 2004; Sevier county Department of Education, 2004a; Siegle, 2004)

장애를 가진 영재학생의 요구를 효과적으로 충족시키기 위해 IEP

를 개발하는 일은 어려운 과정이 될 수 있다. 적절한 목적과 목표를 정하고 이를 확실히 하는 것은 시간을 소모하는 일이며 지루한 일이 될 수 있다. 부모나 교사 그리고 학생들이 개방적이고 협조적인 관계를 갖는다면, 팀은 학생의 요구에 부합하는 효과적인 개별화 교육 프로그램을 개발할 수 있을 것이다.

시나리오

Julie: 학습장애를 지닌 영재학생

Julie는 3학년 때 IQ 135가 넘는 영재로 판별받아 학교 영재 프로그램에 들어갔다. 불행하게도 Julie의 학업 성취는 그녀의 지적 능력에 미치지 못했다. 비록 그녀는 대부분의 과목에서 자기 학년 이상으로 수행하였지만 늘 수학을 힘겨워했다. 3학년 담임교사는 Julie가 수학 공부를 더 열심히 해야 할 필요가 있다고 느껴 Julie의 부모와 함께 회의를 주재하였다. 회의를 하는 동안 교사는 Julie가 수학을 매우 열심히 공부했다는 것을 알았다.

부모와의 회의에서 모두들 Julie가 지원 팀에 의뢰될 필요가 있다는 의견의 일치를 보았다. 그 팀(부모가 포함된)은 몇 가지 중재안을 내놓았는데, 다감각적 교수 자료를 사용하도록 하는 것과 연습, 훈련을 위해 컴퓨터 프로그램을 사용하도록 하는 것이었다. 중재안은 모든 수업 교실에서 사용되었으며, 가정에서도 강조, 사용되었다. 8주 후에 Julie의 수학 성취 수준은 증가하였다. 그러나 아직은 그녀의 또래 평균 수준에 도달하지 못했다. 결국, 지원 팀은 Julie를 위해 개별화 교육 프로그램을 짜 주었다.

최소로 제한된 Julie의 환경으로는 수학을 제외한 모든 과목에서 정규수업을 받는 것이었다. 수학 지도를 위해 Julie는 학습자료실에 가서 특수교사를 만났으며, 교사는 Julie에게 치료적 수학 학습과 학습장애를 보상하기 위해 도움이 되는 대처전략을 가르쳤다. 법률에 의거한 대로 Julie의 상태는 1년 동안 검토될 예정이다.

학습장애 영재학생의 일반적인 특징

이중특수 학생들은 독특한 특징들을 갖고 있다. 사실 그들은 영재인 동시에 학습장애를 지닌 학생이다. 그런 특징들로 인해 그들은 특별한 개별화 프로그램을 필요로 한다. 물론 학습장애를 지닌 영재학생들의 특징을 완벽하게 목록으로 작성하기는 어렵다. 그래서 이 책에서 거론되는 이야기들은 일반화한 내용일 수밖에 없다. 대부분의 경우, 이런 학생들은 학습에 대한 자신감이 부족한데, 이는 기초 능력인 조직화 능력, 학업 기술 능력, 쓰기 속도, 지각적 주사, 순차적 처리, 그리고 상위 인지 능력이 부족함에 기인한다(Baum, 1990). [표 1]은 지적, 학습적, 사회 · 정서적인 부분에서의 이중특수 학생들의 공통적인 특징들을 보여 준다. 이들은 학습장애를 지닌 사람들의 특징을 다소 보유하고 있으면서 일반적인 영재 아동들의 특성도 보인다. 실제로 학습장애를 지닌 영재학생들은 학습장애만을 지닌 전형적인 학생들에게는 없는 강한 지적 능력을 가지고 있다. 학습장애를 지닌 영재학생들은 일찍 발달한 추상적 사고 능력을 지녔을 뿐만 아

[표 1] 학습장애를 지닌 영재학생들의 일반적인 특징

지적 강점 (Lidz, 2002)	학업 기술 결핍 (Baum, 1990)	사회 · 정서적 특징 (Beckley, 1998)
진보된 추상적 추론 능력	학업에 대한 낮은 자신감	공격성
날카로운 일반화 능력	열등한 조직화 능력 및 학습 능력	불안
아이디어의 빠른 개념화	쓰기 속도의 부족	방어적
새로운 일들을 자율적으로 해결하기를 즐김	순차 처리에 어려움	수업에서의 방해
조숙한 지적 능력	상위 인지 능력의 문제	낮은 자아 존중감

주: Baum(1990), Beckley(1998), Lidz(2002) 참조

니라 날카롭게 일반화를 할 줄 알고, 생각을 빠르게 개념화시킬 줄 알며, 뛰어난 추상적인 추론 능력을 지녔고, 누군가 시키지 않아도 새로운 일을 해결하는 것을 즐긴다(Lidz, 2002).

이런 이율배반적인 특징의 결과로, 학습장애를 지닌 영재학생들은 공격성, 불안, 방어적인 성향, 수업에서의 방해, 일에 대한 집중력의 부재, 낮은 자아존중감을 보이는 사회 · 정서적 특성을 갖고 있다(Beckley, 1998). 이런 사회 · 정서적인 부분이 의미하는 바는 뒤에서 더 자세히 언급할 것이다.

크게 볼 때, 학습장애 학생들은—그들이 비록 영재라 하더라도—정보를 내재화하고 명료화하는 데에 어려움을 겪는다(Bergert, 2000). 사실 어떤 아동이라도 때로는 하나 또는 그 이상의 학습 능력

에서 어려움을 겪을 수 있다. 하지만 학습장애를 지닌 영재학생들의 경우에는 이런 문제들이 상당한 기간 동안 지속된다. 안타깝게도 이런 특징들의 결합은 학습 활동에 부정적인 영향을 주곤 한다. 그래서 교사, 부모, 학생들은 이중특수 학생 개개인의 특성을 알고 거기에 알맞은 중재 계획을 세워야 한다.

좌절을 최소로 줄이고 능력을 최대로 높이기 위해서 교사와 부모는 그들이 지닌 약점의 효과를 감소시키는 전략을 세우는 반면에 강점을 이용하는 프로그램을 세워야 한다. 흔히 사람들은 아동의 약점에 중점을 두는 경향이 있다. 하지만 적절한 프로그램을 받게 되면, 학생들은 자신들의 강점을 사용하여 효과적으로 약점을 보완할 줄 알게 될 것이다.

교사를 위한 조언

학습장애를 지닌 영재학생을 가르치는 일은 그들의 양분된 성향 때문에 결코 쉽지 않다. 그러나 교사는 연구 자료에 근거한 전략을 통해 교사와 부모와 학생의 좌절을 최소화하고 학생의 잠재력을 최대화할 수 있다. 학생의 강점과 학습 스타일을 가르치거나 부모와 지속적인 의사소통을 유지하는 일 외에, 다음의 조언은 학생의 학습 과정을 촉진시킨다.

1. 학생의 강점과 약점을 식별하라. 다행히도 보이는 것과는 다르게 학생의 강점과 단점을 찾는 것은 어렵지 않다. 직접적인 방법은 학생에게 어떤 분야에서 그가 가장 강한지 혹은 약한지 직접 물어보는 것

이다(부록 C 참조). 종종 어른들은 당사자인 학생의 의견은 배제한 채 그 학생에 관하여 토론을 하곤 한다. 부록 C에 있는 질문들은 학생이 학교에 대한 감정을 표출하도록 하며, 교사에게 수업 진행 및 중재 방법에 대한 지침을 제공한다. 또한 교사는 학생의 뛰어난 분야를 증명해 줄 학생의 발달 기록을 보아야 한다. 그러고 나면 교사는 학생의 강점을 살리는 데 중점을 둔 학습 활동을 설계할 수 있게 된다.

2. 학생의 학습 스타일을 인식하고 거기에 맞춰라(Winebrenner, 2003). 종종 교사들은 자기의 학습 스타일로 학생들은 가르치곤 한다. 이것은 다른 학습 스타일을 가진 학습장애 영재학생들의 기회를 제한한다. 학생이 선호하는 학습 스타일에 맞추어 학습 활동을 설계하는 일은 아이들의 영재성을 활용하게 해 준다. 그에 따라 그들은 보다 편안하고 자신감 있게 학교 일을 완수해 내게 된다. 영재성에 중점을 두는 것은 이중특수 학생의 자부심을 키워 주는 데에 중요하며, 그들에게 자신의 영재성으로 약점을 완화할 기회를 제공해 준다.

3. 조직력과 정돈 능력을 가르쳐라(Cline & Schwartz, 1999; Swanson, 2001; Winebrenner, 2002). 이 학생들은 물리적인 공간을 정돈하는 능력이 부족한 경향을 보일 뿐만 아니라 정신적인 조직력도 부족하다. 따라서 교사는 두 가지 점을 다룰 필요가 있다. 종종 이중특수 학생들은 과제를 성공적으로 해내지 못하는데, 이는 과제를 잃어버리거나 마감일을 잊어버리기 때문이다.

학생들은 메모장, 책상, 책가방, 사물함을 정리정돈하는 법을 배워야 한다(Winebrenner, 2002). 조직력은 과제를 제때 제출하는 빈도와 과제의 정확성을 높여 준다. 그러나 학생들은 물리적인 공간을 정돈해야 할 책임이 있다는 점을 인식하는 것이 중요하다.

또한, 학생들은 정신적인 공간을 정돈하는 방법도 배워야 한다. 교사도 선형 조직도를 사용하여 정신적 조직력을 향상시키도록 도와주어야 한다. 이러한 도구들은 학생들이 기존의 지식을 현재 배우고 있는 것에 적용할 수 있게 해 준다. 도구의 예로는 K-W-L(what you **K**now, **W**ant to know, and have **L**earned: 알게 된 점, 알고 싶은 점, 이미 알고 있는 점), 차트, 벤 다이어그램, 개념도(Swanson, 2001) 등이 있다.

4. 다른 교사와 협업하라. 협업은 특수 교사와 정규 교사, 그리고 영재 교사들 모두가 학생의 개별화 교육 프로그램(IEP)의 목표와 목적에 부합되도록 일하고 있는지를 확실히 해 주는 데 꼭 필요한 요소이다. 또한 교사는 기꺼이 서로 의사소통하고, 효과적인 교육전략을 함께 공유해야 하며, 각 학급에서의 학생의 진보 정도를 기꺼이 서로 논의해야 한다(Winebrenner, 2002).

더불어 교사는 각 교실에서의 수업 목표를 서로 논의하여 과목 간의 지시를 맞추어야 한다. 이러한 접근은 학생들이 훈련들을 연결짓도록 도움을 주고 궁극적으로는 강점을 이용하여 약점을 보완하도록 도와준다. 이것은 교사가 이중특수 학생들의 요구를 보다 잘 다룰 수 있도록 도와줄 것이다.

5. 부모와 대화하라. 중재 계획이 성공하기 위해서는 학교와 가정 간에 일관성이 있어야 한다. 학교에서 강조되는 능력들은 집에서도 중시되어야 한다. 학교와 가정의 응집력을 촉진시키기 위해 가정통신

문이 매주 집으로 배송되어야 한다. 교사는 일정 기간 내에 가정통신문이 자신에게 다시 돌아오도록 해야 한다. 그러나 부모가 가정통신문에 내용을 쓰고 서명해서 교사에게 다시 보내기까지는 학생의 책임 사항이다. 만약 가정통신문이 돌아오지 않으면 가정과 학교 모두에게 그에 따른 결과가 나타날 것이다(부록 D 참조).

6. 큰 과제는 여러 개의 작은 단계로 나눠라. Swanson(2001)은 긴 과제를 쪼개 여러 절차에 걸쳐 진행할 것을 제안한다. 이것은 특정한 기술을 강화할 뿐만 아니라 이중특수 학생들이 자기 스스로의 발전을 점검해 볼 수 있게 해 준다.

7. 또래 모델을 제공하라. 이중특수 학생이 대처전략을 배울 수 있도록 돕는 입증된 방법 중 하나는 또래 모델이다(Swanson, 2001). 비학습장애 또래 모델들은 대처전략을 가지고 적절하게 학습한다. 이 접근방식은 이중특수 학생들이 동료 학생의 학습전략 적용방식을 볼 수 있게 해 준다.

가정에서 사용할 실제적인 조언

이중특수 학생을 성공적으로 키우기 위해서는 구조화된 가정환경이 필요하고 매일 아동의 생활에 관여해야 한다. 학습장애를 지닌 영재 학생의 부모는 자녀의 학습을 도와주어야 하며, 관계자들과 의사소통을 하고, 학교 법에 관해 알아야 하며, 아이를 교외 활동에 참여시켜야 한다. 다음의 조언은 학업 성취를 향상시킬 뿐만 아니라 학업 기술을 증진시킨다.

1. 학교일에 도움을 제공하라. 강점을 사용하여 약점을 극복하는 법을 배우는 일은 힘든 여정이다. 이중특수 학생들은 혼자가 아니라는 것을 알 필요가 있다. 부모는 자녀의 학습 활동을 돕고 정서 · 사회적인 힘을 기르도록 도와주어야 한다(Baum, 1990).

학생과 부모가 집에서 함께 과제를 할 수 있는 특정한 과제 영역을 지정해야 한다. 이는 아이와 부모의 결속력을 강화해 줄 뿐만 아니라 팀워크의 노력으로 장애를 극복할 수 있다는 사실을 알게 해 준다. 더불어 부모와 이중특수 학생은 하루 중 만나서 함께 과제를 할 시간을 정해야 한다. 이 시간에 아이는 학교에서 일어나는 일들을 털어놓고 논의할 수 있어야 한다. 이것은 아이의 학업 진도를 점검하는 방법을 제공할 뿐만 아니라 아이의 좌절감 수위를 점검할 수 있게 해 주기도 한다.

2. 아이를 교외 활동에 참여시켜라. 학습장애를 지닌 영재학생들은 학업적으로 또한 사회적으로 성공을 경험할 수 있는 상황을 필요로 한다. 게다가 교외 활동은 학교의 지원을 받는 활동에서 끝나는 것이 아니다. 아이들의 관심을 충족시킬 수 있는 지역사회와 관련한 기회들이 마련되어 있다. 이러한 활동들이 이중특수 학생들의 지적인 욕구도 충족시켜 줄 수 있다는 점이 중요하다. 독서 동아리, 체스 동아리, 스카우트 활동, 지역 봉사 활동, 혹은 스포츠 팀과 같은 활동들은 성취감을 느끼게 하고 자아를 향상시켜 준다(Baum, 1990).

3. 정리정돈 능력을 길러 주어라. 이것을 달성하는 방법 중 하나는 가

족을 위한 달력을 만들고 이것을 공용의 장소에 붙여 놓는 것이다. 이 달력은 이중특수 학생들이 적절한 시간 관리 능력을 기를 수 있게 해 준다. 학교 과제의 마감일과 가족 행사를 포함시켜라. 또한 아이는 개인의 달력을 만들어 자기 방이나 자신만의 공간에 붙여 놓아야 한다. 아이는 그 달력을 그때그때 업데이트해야 한다.

4. 아이의 교사와 대화하라. 가정통신문은 중요한 매체일 수 있지만 그것만으로는 충분하지 않다. 부모는 교사와 주기적으로 만나도록 계획해야 한다. 이 모임에서 부모는 아이의 수행에 관해 질문해야 한다. 또한 집에서 어떻게 도와주어야 할지 물어보아야 한다. 이렇게 해야 학교와 가정 간의 협업을 오랫동안 계속할 수 있게 된다 (Winebrenner, 2003).

5. 영재성과 학습장애에 대해서 잘 알고 있어야 한다. 특수교육법에 대해서 알고 있는 것만이 중요한 것이 아니라, 학교가 만족스럽지 못한 성과를 주고 있을 때 부모가 어떤 절차를 밟아야 할지도 알아야 한다. 부모는 아이의 가장 중요한 변호사이며, 이 일을 성공적으로 해내기 위해서는 일단 지식이 필요하다.

6. 일대일 지시 사항을 주어라. 가정교사는 개인의 주의집중력을 기르는 데에 매우 뛰어난 자원이다. 가정교사의 수업은 아이에게 맞춤식 학습 활동을 제공하며, 아동의 발전을 점검할 수 있게 해 준다 (Swanson, 2001). 가정교사는 학교에서 가르치는 특정한 학습 내용을 도와줄 수 있으며, 그것을 부모와 교사에게 보고할 수 있다.

7. 자기점검을 장려하라. 이중특수 학생이 배워야 하는 중요한 기술

중 하나는 자기점검 능력이다. 이것은 학업 성취와 학업 참여를 향상시켜 주는 것으로 입증된 방법이다(Rock, 2005). 학습장애를 지닌 영재학생들은 책자에 자신의 공부 습관을 기록함으로써 자신이 어떻게 공부하고 있는지를 검토하고 효과적인 행동을 확인할 수 있다.

다음 장에서는 학업적 기술장애(읽기, 수학, 글쓰기), 발달적 표현언어와 언어장애, 그리고 정서 · 사회적인 논점을 다루고 있다. 각 장애는 서로 다르게 나타나지만 아이와 부모와 교사들에게 주는 좌절감은 동등하다. 중재안은 자기 효능감을 높여 주고, 힘을 길러 주며, 장애를 보상할 수 있는 대처전략들을 가르쳐 주는 방식으로 이루어져야 한다.

읽기장애 영재학생

난독증은 영재학생들 사이에서 가장 흔한 읽기장애이다. 난독증은 학생의 수학, 철자, 말하기 능력에 영향을 줄 수 있지만, 가장 큰 영향을 받는 부분은 읽기이다. 세계 난독증 협회(International Dyslexia Association, 2000)에 따르면, 인구의 15~20%가 읽기장애를 가졌으며 그중 85%가 난독증이라고 한다. 이 장에 제시된 정보는 모든 읽기장애를 포함하는 일반화된 자료로, 대부분의 전략들은 난독증을 가진 영재학생들에게 효과적인 것으로 입증되었다.

일반적으로 읽기장애를 지닌 영재학생들은 훌륭한 읽기 기술을 방해하는 상위 인지적 어려움을 지니고 있다. 그들은 사실을 기억하는 데, 읽고 이해하는 데, 문어 및 구어 언어를 정리는 데 힘들어한다. 또한 이런 학생들은 비슷한 소리를 내는 글자들(예: s와 f, 한국어에서는 ㅅ과 ㅊ)과 비슷한 모양을 지닌 글자들을 혼동하며, 단어 안의 철자의 순서를 뒤바꾸고, 문장 안의 단어들을 뒤바꾸곤 한다(McGuire & Yewchuk, 1996). 이러한 장애들은 읽기를 이해하기 위해 매우 힘겨운 노력을 하게 만든다.

읽기장애를 지닌 영재학생을 위한 교수전략은 이해력을 증진시켜야 한다. 첫째, 교육자들은 읽기전략을 가르치고 상위 인지적 조절력을 강조해야 한다. 둘째, 이 학생들은 정돈되고 계획된 읽기전략을 필요로 한다. 중재안은 읽고 이해하는 능력을 높여 주기 위해 전략적이고 틀에 짜인 읽기전략에 초점을 두어야 한다(Cooper, Ness, & Smith, 2004; McGuire & Yewchuk, 1996).

이런 학생들이 학업에서 성공하려면 철자와 단어 재인에서부터 이해와 상위 인지까지의 모든 읽기전략을 배워야 한다. 영재학생들은 먼저 철자와 소리를 올바르게 인식하는 법을 배워야 한다. 다감각적 읽기전략들은 정확도를 높여 줄 뿐만 아니라 이중특수 학생들이 영재성을 바탕으로 읽기장애를 극복하는 데에 도움을 주는 수단으로 입증되었다. 그다음에는 다음 내용을 예측하고 이전 내용을 반추하는 과정을 통해 적극적으로 읽기에 몰입해야 한다.

난독증 영재학생들을 위한 적절한 프로그램 개발은 특수교사, 담임교사, 그리고 부모의 협업을 필요로 한다. Cooper 등(2004)은 이들이 정기적으로 모임을 가질 것을 권한다. 학생의 특유한 욕구를 채워 줄 교육적인 내용과 자존감에 중점을 두고 토론이 이루어져야 한다. 프로그램은 다음의 내용을 포함한다. (a) 대부분의 학과목은 일반 교실에서 수업을 받도록 허락할 것, (b) 제 학년에 비해 수행이 뒤처지는 분야에서는 특수교육적 서비스를 요구할 것, (c) 앞선 재능 분야에서는 영재교육을 제공할 것(Cooper et al.). 이러한 전략들은 읽기장애를 지닌 영재학생들이 배경 지식에 접근하여 본문의 글을 이해하도록 도와줄 수 있다. 다음에 보다 자세한 조언을 제시하고 있다.

시나리오

Jennifer: 읽기장애를 지닌 영재학생

Jennifer는 최근에 영재로 판별되고 읽기장애를 지닌 것으로 진단받은 고등학교 2학년생이다. Jennifer는 학교 생활에서 과제와 숙제를 제시간 안에 끝내는 그저 평범한 학생이었다. 그녀는 읽고 이해하는 것을 힘들어했지만, 시험과 연구과제에서는 만족할 만한 수행을 보였다. Jennifer는 자신이 읽기를 어려워하는 것이 정상이 아님을 알아채지 못했다. 그녀는 단순히 자기가 친구들만큼 똑똑하지 못하다고 생각했다.

고등학교 2학년 초에 그녀의 역사 선생님은 흥미로운 사실을 알아냈다. 수업 토론 중에 Jennifer가 강의 내용을 말로 요약할 수 있었던 것이다. 게다가 그녀는 이전에 터득한 정보를 이용하여 정보를 종합하는 탁월한 능력도 보였다. 그러나 Jennifer는 시험에서 C를 받았다. 그녀는 수업 시간 외에 읽어야 할 과제를 토대로 한 문제들을 특히 더 어려워했다. Jennifer의 읽기장애를 염려한 선생님은 검사를 받도록 의뢰하였다. 결과는 Jennifer가 읽기장애를 지녔을 뿐만 아니라, IQ가 130이 넘는 것으로 나타났다. Jennifer의 읽기장애는 학업에 부정적인 영향을 미치고 있었지만, 높은 IQ는 장애를 보상하고 있었다.

그녀가 평균 수준의 학생들만큼 성과를 보이고 있었으므로, 도우미 교사 팀은 Jennifer가 학습 자료실에서 자신의 잠재력을 극대화하는 읽기전략(예를 들어 알림장 수첩, 생각 따라잡기, 보조기기)을 배우도록 하는 제504조 계획을 세웠다. 또한 팀(Jennifer가 포함된)은 Jennifer가 고등학교 이후의 교육기관에서 적절한 교육을 받도록 하기 위해 연계 서비스를 찾기 시작했다.

교사를 위한 조언

읽기장애 영재학생들을 가르치기 위해서 교사들은 다양한 전략을 포괄적으로 사용해야 한다. 몇몇 접근방법들은 사전 지식을 사용하도록 하는 반면, 다른 접근은 읽기 과정을 조직화하도록 도와준다. 다음의 조언은 이중특수 학생들이 읽기를 효과적으로 할 수 있게 하기 위해 보다 기초적인 부분들을 가르치도록 하고 있다.

1. 다감각적 접근을 통합하는 전략을 사용하라. 한 가지 알려진 전략은 Orton-Gillingham 읽기 지시 방법(Herold, 2003)이다. Samuel T. Orton 박사와 교육자인 Anna Gillingham에 의해 개발된 이 전략은 청각, 시각, 촉각을 이용한 다감각 학습 활동을 하도록 하고 있다. 읽기장애 영재학생들은 모든 감각을 활성화할 필요가 있다. 왜냐하면 읽기는 두뇌에서 여러 가지 기억 패턴을 생성하는 것을 도와주기 때문이다(Herold). 이중특수 학생은 이 전략을 사용함으로써 기본적인 읽기 능력을 배우고 수준 높은 이해 능력을 기를 수 있게 된다.

Orton-Gillingham 방법을 통해서 학생들은 먼저 언어의 기본 구조를 배운다. 처음에 그들은 자음과 모음 소리에 대해서 배우고, 다음으로 이중자음이나 이중모음과 같은 혼합음을 배우게 된다. 다음으로는 각각의 음절을 어떻게 소리 내어 읽는지 배우게 된다. 동시에 이러한 글자들을 쓰는 법도 배운다(Academy of Orton-Gillingham Practitioners and Educators, 2004). 이런 기초적인 것들을 발음하고 쓰는 데 더욱 익숙해지면 단어, 문구, 문장으로 넘어간다. 일단 이 단계를 완벽하게 소화하고 나면, 영재학생들은 이해 능력을 기르고 자신의 뛰어난 지적 재능을 발전시키기 시작할 수 있다.

2. 학생의 사전 지식에 접근하는 전략을 사용하라. 배경 지식은 읽기의 목적을 제공하고 새로운 의미를 부여하는 능력에 영향을 준다. 읽기장애를 지닌 영재학생들은 이전 지식과 새로운 지식을 결합할 줄 알아야 한다. 이 능력을 배워야 혼자서 글을 읽을 수 있는 독자가 될 수 있다.

교사는 이중특수 학생들이 독립적인 독자가 되도록 하기 위해 몇 가지 전략적 활동을 할 수 있다. Cooper(2000)는 다음의 두 가지 전략을 제시한다—사전 검토/예측 전략(예를 들어, 이야기 구성 예측 혹은 재검토와 스스로에게 던지는 질문)과 K-W-L 정리. 이러한 전략들은 학생들이 읽기를 구조화된 방식으로 접근하도록 도와주는 데에 목적을 두고 있다. 학생들은 읽기 전에 미리 내용을 훑어보고 세부 내용을 짐작한다. 그다음으로, 읽어 가면서 자신이 한 기대를 확인하거나 변경할 수 있다.

3. 생각 따라잡기(Think Alongs)와 생각을 큰 소리로 말하기(Think Aloud) 전략을 사용하라. 이 전략들은 학생들에게 '생각은 어떠한 일을 하거나 일을 하는 과정에 있을 때 발생한다'는 사실을 직접적으로 가르쳐 준다. 또한 전략들은 학생들이 읽기 과정을 배우는 데에 도움을 준다(Cooper, 2000).

생각 따라잡기에는 줄거리 관련 차트, 질문과 답변 관계(QARs), 그리고 직접 읽고 생각하기 활동(DRTA) 등이 있다. 이 전략들은 학생들이 전략적인 독자가 되도록 도와준다(Jongsma, 1999/2000). DRTA 방법은 학생이 제목과 도입부, 짧은 단락 하나를 읽고 플롯, 테마, 사건, 그리고 결말에 대해서 예측을 하는 것이다. 학생들은 읽고 난 뒤에 다시 앞으로 돌아가서 예측한 것이 정확한지를 확인하고 틀린 부분을 바로잡는다. 이러한 접근의 예로 SCAN과 RUN이 있다(Salembier, 1999; 부록 E의 예시 참조). Salembier에 따르면, 이러한 접근방식은 학생들이 읽기 전과 도중과 후에 이해한 것을 점검하는 필수적인 기술을 제공해 준다고 한다.

4. 이중특수 학생들을 위한 편의시설을 만들어 주어라. 이중특수 학생들의 잠재력을 극대화하기 위해서는 이들에게 수업과제나 읽기 활동을 할 수 있는 추가적인 시간을 고려해 주어야 한다. 더불어 교사는 과제나 프로젝트의 양을 줄여 줄 수도 있다(Winebrenner, 2003).

보조기기들을 사용할 수도 있다. 이중특수 학생들은 토론 수업 시간에 녹음기를 사용할 수 있도록 허락해야 한다. 그러나 책 내용이 녹음된 테이프는 읽어야 할 책의 대체용품이 아니라 추가적으로 가지고 다니는 보조기기로 사용하도록 해야 한다. 테이프는 고전 문학 작품과 같은 책을 이해하는 기회를 제공해 준다.

5. 학생의 관심사를 확인하고 그에 맞는 읽을거리를 제공하라. 영재학생의 공통된 특징 중 하나는 관심 분야에 대한 높은 동기이다. 특정한 독서 이해 전략을 사용하여 관심 분야의 책을 읽도록 하는 것은 매우 잘 갖추어진 연습방법이 될 수 있다. 첫째로, 읽기장애 영재학생은

평소보다 적극적으로 읽기에 임할 것이다. 둘째로, 이 학생들은 읽은 내용을 토론할 때 보다 더 적극적으로 참여할 것이다(Winebrenner, 2003).

부모를 위한 조언

읽기장애를 지닌 영재학생의 부모에겐 매일 여러 가지 중재를 사용할 기회가 많이 있다. 좋은 습관을 모델링하거나, 학교에서 배운 전략을 더욱 강화시켜 주거나, 혹은 가족 독서 클럽을 운영하는 방법 등으로 아이들의 적절한 독서 습관을 증진시킬 수 있다. 다음의 조언은 부모가 집에서 알맞은 독서 환경을 제공하는 데에 도움을 준다.

1. 학교에서 배운 전략을 강화하라. 성공적인 독자가 되기 위해서 이중특수 학생들은 학교에서 배운 읽기 능력이 실제 생활에 적용 가능하다는 사실을 알아야 한다. 그러므로 부모는 집에서 아이를 도와야 한다. 숙제를 도와주어야 한다. 아이에게 숙제를 끝마치는 대로 크게 읽도록 시킨다. 이것은 부모가 아이의 읽기 능력의 강점과 단점을 보다 잘 이해하도록 도와준다(Shaywitz & Shaywitz, 2004; U.S. Department of Education, 2002).

또한 부모는 이중특수 학생들에게 여름방학 때 읽을 독서 목록을 만들게 해야 한다. 이것은 학교에서 배운 읽기전략을 여름방학 내내 잊어버리지 않게 도와준다. 더 나아가서 여름은 이중특수 학생들이 관심 분야의 독서를 할 수 있는 적절한 시기이기도 하다(U.S. Department of Education, 2002).

2. 독서 습관을 모델링하라. 난독증을 가진 영재학생에게 독서를 하루의 기본 일과 중 한 부분으로 만드는 것은 매우 중요하다. 신문기사를 읽고 주요 내용을 토론하라. 이것은 부모에게 아이의 진보를 비공식적으로 평가할 수 있는 방법을 제공해 줄 뿐만 아니라, 아이에게 일일 독서 기술의 중요성을 강화시켜 준다(U.S. Department of Education, 2002).

또 다른 방법은 가족으로 하여금 '가족 독서 클럽'을 운영하게 하는 것이다. 두 달에 한 번 모든 가족 구성원들이 한 권의 책을 읽고 토론하도록 한다. 특별 독서 토론 이벤트를 가족이 함께하는 저녁식사 혹은 가족 소풍 중간에 하도록 한다. 이때 환경은 편안하면서도 재미있어야 한다.

3. 독서에 초점을 둔 컴퓨터 프로그램을 활용하라. 이러한 도구들은 좋은 읽기 능력을 추진하고 부족한 여러 능력을 보완하기 위한 중재 방안이 고안되어 있다. 게다가 대부분의 프로그램들은 상호 활동적이다. 학생은 자신만의 소설을 쓰고 이야기의 주인공들과 섞이게 된다. 읽기장애 영재학생들을 위한 다양한 소프트웨어가 개발되어 있다(Bull, 2003; U.S. Department of Education, 2002).

4. 필요로 할 때 일대일 도움을 주어라. 부모도 할 수 있지만, 일대일 도움은 가정교사들도 잘할 수 있다. 유능한 가정교사들은 읽기장애를 가진 학생들을 가르쳐 본 경험이 있는 퇴임한 교사들로, 이들은 학생의 진보를 점검할 수 있으며, 이중특수 학생의 요구에 맞는 전략을 사용할 수 있다(Bull, 2003).

5. 도서관을 활용하라. 많은 도서관은 책 읽기 클럽과 독서 장려 프로그램을 운영한다. 읽기장애를 지닌 영재학생들은 도서관 카드를 발급받아야 한다. 이것 하나만으로도 아이에게 읽기에 대한 주인 의식을 갖게 한다(U.S. Department of Education, 2002).

6. 꾸준히 그리고 지속적으로 독서를 연습할 기회를 마련해 주어라. 읽기장애를 지닌 영재학생들은 배운 읽기전략들을 꾸준히 연습해야 한다. Shaywitz와 Shaywitz(2004)는 학생들이 매일 읽기전략을 연습하는 데에 시간을 투자해야 한다고 강조한다. 부모는 아이와 함께 책을 읽거나, 학교에서 배운 읽기전략을 강화하거나, 아이가 매일 책 읽는 시간을 정하도록 도와주어야 한다. 이중특수 학생들은 독서의 기초에 중점을 두어야만 능숙한 독자가 될 수 있다(Shaywitz & Shaywitz).

7. 도우미 집단에 참여하라. 읽기장애 아동의 부모를 위한 도우미 집단이 다양하게 존재한다. 이러한 집단을 통해 얻을 수 있는 이점은 정서적인 지원에서부터 입증된 중재전략의 지원까지 다양하다.

읽기장애를 지닌 영재학생들은 자신의 잠재력을 극대화하기 위해서 지적 강점을 사용하여 읽기장애를 보완하는 방법을 배워야 한다. 이들은 읽기장애를 계속 지니고 있을 것이고, 어떠한 중재방법도 장애를 완전히 없애 주지는 못할 것임을 알아야 한다. 그러나 그들에게 평생 스스로 책을 읽는 자율적인 독자가 되도록 해 주고 힘을 주는 교수전략이 개발될 수 있을 것이다.

산수장애 영재학생을 위한 실제적인 전략

난산증(또는 계산불능증이라고도 함)이란 수학을 배우는 데에 어려움을 겪는 장애를 지칭한다(Newman, 1998). 난산증은 여러 가지 형태로 나타나곤 하는데, 모든 현상이 수학 문제를 푸는 데에 어려움을 겪는 것으로 나타나며, 이 중 20~30%는 읽기와 수학에서 동시에 어려움을 겪는다. Geary(1999)에 따르면, 학교 학생의 6~7%가 산수장애를 지닌 것으로 나타난다. 이 장에 제시된 정보들은 학교와 가정에서 시행될 수 있는 여러 가지 수학적 전략에 초점을 두었다. 몇몇 활동들은 치료전략에 중점을 두지만, 난산증을 지닌 영재학생들이 지적으로 도전을 받는 수업을 받아야 되는 것은 피할 수 없다. 이 목표를 달성하기 위해서 교사는 부모와 함께 특정한 강점과 약점을 파악해야 한다.

수학 학습장애를 지닌 영재학생들은 인지전략 지식이 매우 평범하며, 상위 인지적 전략은 부족하기까지 하다(Montague, 1991). 게다가 그들은 시지각 결손을 보인다(Adler, 2001). 다른 말로 하면, 그들은 머릿속으로 수학 계산 절차를 조직적으로 하는 데에 어려움을 겪는다. 그들은 숫자를 뒤바꾸곤 하며, 각종 수학 기호의 뜻을 잊어버리곤 한다.

교수 학습 면에서, 이러한 이중특수 학생들에게는 기초적인 수학 절차에 초점을 두며 수학적인 상위 인지 기술을 개선시키는 중재가 필요하다. 그러나 그들이 복잡한 방정식을 풀 줄 모른다는 뜻이 아니다. 그들은 단순히 모든 정보를 머릿속으로 조직화하는 전략이 필요할 뿐이다.

이러한 교수 학습적인 사항들 외에, 교사는 학생들의 좌절 수위에도 신경을 써야 한다. 이러한 학생들이 자신감과 강한 자기 효능감을 키우기 위해서는 성공을 경험하고, 교육 프로그램으로부터 긍정적인 강화를 받을 필요가 있다(Newman, 1998).

시나리오

Joshua: 수학 학습장애를 지닌 영재학생

> Joshua는 초등학교 3학년 때 수학 학습장애로 진단받은 중학교 3학년 학생이다. 그의 개별화 교육 프로그램은 대부분의 낮 시간에는 일반 학교 수업을 받고 수학 지도는 학습 자료실에 가서 받도록 하는 것이었다. 중재로는 모든 수학 문제를 단계적인 절차를 거쳐 풀도록 설명하는 것과 부모와 교사 사이에 가정통신문을 교환하는 것, 수학 시험 문제 수를 줄여 주는 것이 들어 있었다. Joshua는 같은 나이의 또래들과 함께 학교를 다녔으나,

중학교 2학년이 되기 전까지 영재로 판별되지 않았다.

중학교 2학년 때, Joshua는 과학 탐구 대회에서 '세제와 물의 온도가 옷감의 색이 빠지는 데에 끼치는 영향'에 관해 연구하였다. 그는 학습 자료실 수학 선생님으로부터 배운 조직화 기술을 사용하여 어떤 세제가 어떤 특성의 옷감 종류에 민감하게 반응하는지 알아내었다. 힘겨운 노력 끝에 Joshua는 시도별 과학 탐구 대회에서 3등을 하였다. 나아가 학업 상담교사는 그에게 고등학교에서 AP 과학 수업을 수강할 것을 제안하였다.

Joshua가 과학 탐구 대회에서 뛰어난 성적을 거둔 사실에 놀란 부모는 그의 IQ를 재평가하도록 학교에 요청하였다. 학교 심리학자는 Joshua에게 능력을 최대한 발휘할 수 있도록 언어성 지능검사를 실시하였다. 재평가 결과, 그의 IQ는 125가 넘었다. Joshua는 AP 과학 수업을 신청했을 뿐만 아니라 AP 역사와 영어 수업도 들었다. 그러나 그는 학습 자료실 교사로부터 개별화된 수학 수업을 계속 받았다.

교사를 위한 조언

수학 학습장애를 지닌 영재학생은 잘 정돈되고 잘 짜여진 대처전략을 통해 약점을 보완할 필요가 있다. 교사는 이중특수 학생에게 다감각적인 활동과 컴퓨터 프로그램들을 사용하여 학습 활동을 이끌어 내고, 입증된 수학 문제 해결 접근방법을 제공해 줄 수 있다.

1. 수학 문제 해결에 필요한 조직화된 전략을 제공하라. 이는 현재의 문

제를 푸는 데 필요한 사전 지식에 접근하도록 해 준다. 교사는 이중특수 학생들에게 강점을 이용한 전략적인 계획을 마련해 주어야 한다.

MATHCOUNTS Foundation(2004)은 수학 학습장애를 지닌 영재 학생을 포함한 모든 학생들에게 가르쳐야 할 4단계 사고전략을 제시하고 있다.

1단계: 발견하기—문제를 읽고 알 수 있는 것과 알 수 없는 것을 정하라. 사전 지식을 사용하여 비슷한 문제를 어떻게 풀었는지 기억해 내라.

2단계: 전략을 선택하기—알고 있는 전략을 나열한 뒤, 도움이 안 될 것 같은 것은 지워라. 가장 적절한 전략을 선택하라.

3단계: 문제 풀기—문제를 해결하라.

4단계: 검토하기—원래의 문제를 다시 읽고, 자신의 답이 그 질문에 맞게 답하고 있는지를 확인하라.

이 4단계는 이중특수 학생들이 사용하기에 적절하다. 왜냐하면 쉬운 수학 문제든 복잡한 방정식 문제든, 수학 문제를 풀 때 이 방법을 계속 적용할 수 있기 때문이다.

2. 다감각적 접근을 이용하라(Newman, 1997). 다감각적 접근은 장애가 있는 영재학생들에게 정신적으로 정보를 저장하고 인출할 수 있는 연상 기억을 강하게 만든다. Newman은 3단계 과정을 제시하여 학생들이 기초 지식을 기억할 수 있도록 돕는다.

1단계: 음성화하고 시각화하기—학생들은 사실을 표현하고 그려

보아야 한다. 이 단계는 두뇌의 저장 공간을 확보하도록 도와준다. 다음 단계로 넘어가기 전에 이 단계는 네 번 반복되어야 한다.

2단계: 허공에 써 보기—학생들은 사실을 표현할 때 공중에 필기해야 한다. 더불어 학생들은 그러한 동작을 하는 자기 자신을 관찰해야 한다. 이 단계는 학생들이 두뇌에 저장된 정보를 인출하는 방법을 가르쳐 준다. 이 단계도 네 번 반복되어야 한다.

3단계: 새기기—학생들은 손바닥이나 책상 위에 손가락으로 정보를 새겨야 한다. 이 단계는 학생들이 정보를 표현하는 방법을 알게 해 준다. 이 단계도 네 번 반복되어야 한다.

3. 수학 학습장애를 지닌 학생들을 도와주기 위해 제작된 소프트웨어 프로그램들을 활용하라. Babbit(1999)에 따르면, 수학 학습장애를 지닌 영재학생들 중 소프트웨어 프로그램을 사용하는 학생들은 그렇지 않은 학생들보다 과제에 더 오래 집중하고, 수학 능력에 보다 큰 발전이 있으며, 배우는 것을 더 즐거워하는 것으로 나타났다.

모든 프로그램이 효과적인 건 아니라는 사실에 주목하는 것이 중요하다. 이중특수 학생들을 돕기 위해 소프트웨어 프로그램을 사용하는 교사는 사용에 앞서 프로그램들을 재검토하고 평가해 보아야 한다. 프로그램을 평가할 때, 교사는 교실에서 사용되는 전략에 잘 맞는 소프트웨어를 찾고 학생들에게 피드백을 주며, 화면을 불필요한 그래픽으로 복잡하게 만들지 말고, 사용자가 프로그램의 환경에 적응할 수 있도록 해야 한다.

4. 학생의 강점을 다른 분야에도 적용시켜라. 이중특수 학생들의 강점에 접근하는 한 가지 좋은 방법은 문제를 그림으로 그리는 법을 가르치는 것이다. MATHCOUNTS Foundation(2004)에 따르면, 이 접근은 이중특수 학생들에게 적합하다고 한다. 왜냐하면 추가적인 정신 활동을 활용하도록 하기 때문이다. 이 전략은 그림이나 기하, 혹은 그래프 문제에 특히 유용하게 사용된다.

5. 일반 공책 대신에 그래프 용지를 사용하도록 허락하라. 이것은 난산증을 지닌 영재학생이 각각의 숫자 단위를 한 칸의 사각형 안에 채워 넣을 수 있도록 해 준다. 학생들이 수학 문제를 풀 때 숫자를 보기 쉽게 정렬함으로써 도움을 준다.

부모를 위한 조언

이러한 이중특수 학생들은 학교에서 배운 전략들을 더욱 강화시키고 격려하는 가정 분위기를 필요로 한다. 부모는 수학 숙제를 도와주며, 다음 날 배울 부분을 예습시키고 보조기기들을 활용함으로써 자녀의 수학 능력을 향상, 발전시킬 수 있다. 수학적 경험을 확실하고도 풍부하게 하는 가정환경을 제공하는 것이 매우 중요하다.

1. 수학적 사실이 어떻게 다른 상황에 적용되는지 시각화할 수 있게 도와주어라. 다행히 이중특수 학생들이 실제로 수학 능력을 사용할 수 있는 기회가 평소에도 수없이 많이 제공되곤 한다. 부모가 아이들에게 가계부를 계산하고 정리하게 하거나, 매주 장보기 예산을 세우게 하거

나, 식사비를 낼 때 거스름돈을 계산하도록 하는 방법 등이 Newman(1998)이 제안한 방법이다.

이러한 활동에 참여하는 이중특수 학생들은 수학 능력에 보다 자신감을 가지게 된다. 이는 수업의 효과를 증진시켜 줄 뿐만 아니라 학생들이 실제 생활을 경험할 수 있는 기회를 제공해 준다. 더 나아가서, 이것은 부모가 아이들과 수학적으로 접촉하고, 아이들의 발전을 비공식적으로 평가할 수 있게 해 준다.

2. 가능한 한 많이 진정한 학습 상황을 제공하라. 수학 학습장애를 지닌 영재학생들에게 있어서 집 주변의 것을 연구하는 프로젝트는 교실에서 배운 개념들을 활용하기에 매우 적합하다. 수학 능력을 요구하는 프로젝트 활동의 예로는 방에 페인트 칠하기, 도시 계획하기, 요리하기가 있다.

3. 다음 날 수학 시간에 배울 내용을 예습하라. 이것은 사전 지식을 미리 잘 연결할 수 있게 해 준다. 부모는 아이가 미리 질문을 작성하고 다음 날 수학 시간에 교사에게 질문하도록 격려해야 한다. 이러한 준비는 교실에서의 수업을 복습 시간으로 전환시켜 주며, 성과를 높여준다(Keller, 2004).

4. 보조기기를 활용하라. 값비싼 하드웨어나 소프트웨어를 구입하기 전에, 부모는 그 상품의 효과를 평가해야 한다. 교사와 상의하여 기기가 수업 내용에 적합한지 확인해야 한다(Keller, 2004).

5. 인내심을 보여 줘라. 종종 수학은 아무런 장애가 없는 학생들에게도 어려우며, 수학 학습장애를 지닌 영재학생들은 수학에 대한 불안

수준이 상당히 높다. 부모는 앞에서 제시된 조언들을 지키면서 반드시 자녀를 지지하고 이해해야 한다.

쓰기장애 영재학생을 위한 실제적인 전략

난서증〔또는 실서증, 서자장애(書字障碍)라고도 함〕은 글을 써서 자기를 표현하는 데에 어려움을 겪는 학생들을 기술하는 용어이다. 영재학생들은 난서증으로 진단받고 다른 학습 문제가 없음에도 불구하고, 일반적으로 난서증과 난독증 두 가지를 함께 진단받곤 한다. 난서증을 정확하게 진단하기 위해서는 개인의 시각 기억, 소근육 능력, 시지각력, 그리고 정보를 도표로 재생산하는 능력을 평가하는 것이 중요하다(Mather, 2003).

난서증을 지닌 영재학생들은 소근육 운동, 철자-운동 통합, 그리고 단어 재인에서의 글자-음가 대응 등과 같은 하위 수준의 기술을 사용하는 데에 어려움을 겪는다. 더 나아가, 이런 이중특수 학생들은 언어 정보 처리와 상위 인지(Yates, Berninger, & Abbott, 1995) 같은 상위 수준의 기술을 사용하는 데에도 어려움을 겪는다. 많은 영재학생들은 쓰기장애와 함께 철자장애를 겪는다. Stringer, Morton, 그리고 Bonikowski(1999)에 따르면, 철자장애를 지닌 영재학생들은 음운론적 지식과 운동 통제, 단어의 시각화와 청각 및 시각 기억력이 부족하다는 특징을 지니고 있다.

Yates 등(1995)은 특정 쓰기장애를 지닌 영재학생을 지도하는 교사에게 몇몇 중요한 사항을 짚어 주고 있다. 이 학생들은 생각을 글로 전환하는 데에 어려움을 겪는 것 외에도, 문장을 생성하거나 쓰기를 힘들어한다. 필사 능력이 결핍되었기 때문에 그로 인해 글쓰기 능력까지 위태로워지는 것이다. 게다가, 이런 영재학생들은 쉽게 좌절하고 자존감이 낮으며, 글을 쓰고자 하는 동기 수준도 낮다. 따라서 쓰기장애를 지닌 영재학생들은 뛰어난 지적 능력을 만족시키는 공부방법을 이용하지 않고 결핍된 하위 영역을 구체적으로 다루어 주는 중재안이 필요하다.

시나리오

Robert: 쓰기장애를 지닌 영재학생

Robert는 초등학교 5학년 때 쓰기장애로 진단받은 학생으로, 현재는 중학교 1학년이다. 그는 초등학교 2학년 때 높은 언어 점수에 의하여 지역 영재 프로그램에 발탁되었다. 그는 읽기를 잘하고 언어 표현 능력이 뛰어났지만, 광범위한 글쓰기 과제에서는 쩔쩔매었다. Robert는 길고 복잡한 글을 읽고 이해했음을 말로는 잘 표현할 수 있었지만, 자신의 생각을 글로 나타내기는 결코 쉽지 않았다.

4학년 때, 주로 작문을 해야 되는 과제물들이 나오기 시작하자

Robert의 글쓰기 성적은 저하되기 시작했다. Robert의 글씨체는 늘 엉성했으며, 그가 쓴 글을 보면 마치 생각이 정돈되지 못하고 끝맺음이 없는 듯이 보였다. Robert의 학업 성취 저하에 걱정이 되기 시작한 부모는 학교에 의뢰하여 Robert가 학습장애를 지녔는지 검사를 받도록 하였다. 결과는 Robert가 난서증을 가진 것으로 나타났다.

Robert에게 적합한 프로그램을 제공해 주기 위해, 부모는 일반학급 교사, 특수교사, 영재교육 교사와 함께 만났다. 이들은 하나의 팀을 형성하고 Robert를 위한 개별화 교육 프로그램을 개발하였다. 그 결과, Robert는 대부분의 수업 시간에는 일반 교육을 받았으며, 부족한 글쓰기는 학습 자료실에 가서 도움을 받았다. 또한 영재교육 수업에도 계속 참여하였다. Robert는 매일 과제 내용이 적힌 알림장을 들고 다님으로써 모든 교사들이 Robert가 다른 수업에서 어떤 내용을 배우고 있는지 파악하도록 하였다. 과제 알림장은 Robert를 통해 집으로도 전달되었고, 과제 알림장을 통해 부모는 학교에서 사용되는 전략을 집에서도 점검하고 강화할 수 있었다.

교사를 위한 조언

난서증을 지닌 영재학생을 가르치는 일은 어렵다. 왜냐하면 그들은 글보다는 말로써 자신의 생각을 더 잘 설명할 수 있기 때문이다. 장애를 극복하도록 이중특수 학생을 돕기 위해서 교사는 글쓰기 과제의 양을 조정하고, 보조기기들을 활용하며, 그림으로 정리하는 프로그램인 그래픽 조직도를 개발할 수 있다. 다음의 조언은 학생들에게 체계적인 대처전략을 제시하도록 짜여졌다.

1. 자신의 생각을 글로 전달하는 데에 도움을 줄 수 있는 전략적 계획을 개발하라. 글쓰기는 어떤 직업에서도 요구되는 중요한 기술이다. 이중특수 학생이 잠재력을 극대화하기 위해서는 생각을 체제적으로 정리하고 써 나갈 줄 알아야 한다. Keller(2004)는 효과적인 전략으로 POWER 방식을 제시하고 있다. POWER 방식은 다음과 같은 절차로 이루어진다.

- P(Plan) 글쓰기 계획하기
- O(Organize) 생각과 아이디어 조직화하기
- W(Write) 에세이 쓰기
- E(Edit) 편집하기
- R(Revise) 첨삭을 통해 완성본 만들기

이 방식은 어떤 글쓰기 과제에도 적용할 수 있는 전략적 계획을 제공해 주므로, 이중특수 학생들에게도 적합하다. 약자는 외우기도 쉬우며 절차도 따라 하기 매우 쉽게 되어 있다.

2. 그래픽 조직도(Graphic Organizers)를 사용하라. 이것은 두 가지 이유에서 난서증을 지닌 영재학생들에게 적합한 전략이다–이중특수 학생들에게 생각을 정리하는 법을 가르쳐 주며, 학생들이 자기 생각을 볼 수 있도록 시각화된 자료를 제공하기 때문이다(Keller, 2004). 이

들은 머릿속에서 떠오르는 생각을 종이에 옮기는 것을 어려워한다. 이 전략은 난서증을 지닌 영재학생들에게 브레인스토밍 방법을 가르쳐 준다.

3. 장기 작문 과제를 여러 개의 짧은 과제로 나누어라. 예를 들어 주제를 정하는 것, 자료를 수집하는 것, 개요를 짜는 것, 초본을 쓰는 것, 첨삭을 통해 완성본을 만드는 것에 각각 마감일을 달리 정해 두어라. 이 제안을 두고 학생과 함께 대안을 제시하도록 논의하는 것이 더욱 바람직하다. 그러나 이중특수 학생에게는 마감일을 각각 중간에 간헐적으로 만들어 주는 것이 자신의 생각을 정리하고 일할 수 있기 때문에 유익하다.

4. 영재학생들이 활자체와 필기체 중에서 어떤 것이든 사용할 수 있도록 허용하라. 난서증을 지닌 많은 영재학생들은 쓰기를 할 때 육체적으로도 힘들어한다. 이런 학생들에게는 필기체를 사용하도록 장려해야 한다. Richards(1999)는 부드러운 움직임 덕분에 필기체가 보다 쉽다고 언급하고 있다. 필기체의 자연스러운 흐름은 근육에 부담을 덜 준다. 그러나 난서증을 지닌 영재학생들 다수는 이미 쓰는 법을 배웠기 때문에 활자체가 더 쉽다고 한다. 어느 것이든 사람들이 알아볼 수 있는 글씨체를 쓰도록 결정해야 한다.

5. 보조기기를 활용하라. 컴퓨터는 이중특수 학생들이 직접 손으로 글을 써야 하는 부담을 덜어 준다. 학생들에게 직접 그래픽 조직도를 만들어 글쓰기 과제를 계획하도록 도와주는 컴퓨터 프로그램들

이 있다. 또한 워드프로세서는 학생들이 문법과 철자를 확인할 수 있도록 도와준다(Richards, 1999).

교실에서 활용될 수 있는 또 하나의 보조기기로는 녹음기가 있다. 종종 이중특수 학생들은 엄청난 아이디어를 발상해 내곤 하지만 곧 잊어버린다. Keller(2004)에 따르면, 녹음기는 난서증을 지닌 영재학생들에게 자신의 생각을 녹음해서 나중에 다시 들어 볼 수 있는 기회를 제공해 준다고 한다.

부모를 위한 조언

전문 작업치료사에게서 도움을 구하든지 또는 워드프로세서를 제공하든지, 부모는 이중특수 학생들이 난서증을 위한 극복전략들을 구상해 내도록 도와줄 수 있다. 가정에서 다음과 같은 조언을 사용하여 아이들이 보다 능숙한 작가가 되도록 장려해 주어야 한다.

1. 글쓰기에 능숙해질 수 있도록 적합한 종이를 사용하라. Keller(2004)는 부모로 하여금 아이가 도드라진 줄이 그어진 종이를 사용하게 하길 원한다. 이런 종류의 종이는 보다 읽기 쉬운 글씨체를 쓸 수 있도록 촉진하며, 산출 능력을 높여 준다. 이러한 종이는 어린 이중특수 학생들에게 매우 효과적이며, 모든 연령의 사람들에게도 적합하다.

줄 간격이 다양한 줄 쳐진 종이 공책이 많이 나온다. 큰 아이들은 자신에게 가장 편안한 줄 간격을 선택할 수 있어야 한다. Keller (2004)는 몇몇 학생들은 자신의 장애를 숨기기 위해 일부러 글씨를

작게 쓴다고 한다. 그러나 줄 간격이 넓은 종이를 사용하면, 아이들은 쓰기장애를 숨기기 어려울 것이다.

2. 아이가 수업 시간에 필기한 것을 검토하도록 도와주어라. 이 조언은 난서증을 지닌 영재학생들이 공부하도록 도와줄 뿐만 아니라, 수업 시간에 다뤄진 내용을 아이가 이해했는지도 확인할 수 있게 해 준다. 또한 부모에게 아이의 진보 과정을 비공식적으로 측정하는 기회도 제공해 준다. 이 방법은 아이가 충분히 이해했다고 확신할 수 있게 한 주에 여러 번 시도해야 한다.

3. 작업치료사(OT)에게 치료를 받아라. Richards(1999)는 작업치료사가 피로를 줄이면서 대근육 운동 기술과 연필 쥐기 기술을 향상시킬 수 있다고 제안하고 있다. 작업치료사는 쓰기 문제들을 없애기 위한 손 운동을 가르친다.

4. 집에서 글쓰기 기술을 장려하라. 이 목표를 달성하기 위한 한 가지 방법은 부모와 자녀가 가족과 친구들에게 편지를 쓰는 것이다. 이 방법은 한 달에 '편지의 날'을 만들어 사용할 수 있다. 친구들과 가족 간의 편지 쓰기는 아이들이 학업적인 압박감 없이 글쓰기 기술을 향상시킬 수 있는 연습이 된다. 집에서 적절한 편지 쓰기 기술을 증진시키기 위해서는 아이가 생각을 정리한 후에 편지를 쓰도록 격려해야 한다. 이 전략은 또한 학교에서 배운 기술을 강화하는 데에도 도움이 된다.

5. 워드프로세서를 사용하도록 하라. Richards(1999)는 아이가 하루에 최소한 10분은 타자 연습을 하길 권장한다. 여러 가지 소프트웨어를 사용할 수 있지만, 친구들과 실시간 메신저 대화를 하는 것도 매우 효과적이다. 이것은 타이핑 능력을 향상시켜 줄 뿐만 아니라 문장을 통한 의사소통 기술을 향상시켜 준다.

구어장애와 영재학생

나이에 맞는 읽기, 철자 및 글쓰기를 방해하는 언어와 연관된 학습장애들은 통틀어 구어장애라고 한다. 미국 말 · 언어 · 청각 협회(American Speech-Language-Hearing Association, 2003)에 따르면, 1998년부터 1999년 학년기 동안 특수교육을 받은 학생의 20%가 말 · 언어장애를 치료받았다고 한다. 이 장애는 개인의 지능을 손상시키지는 않지만, 이중특수 학생들이 자신이 갖고 있는 지식을 표현하는 능력에는 영향을 준다. 언어 학습장애를 지닌 영재학생들은 수용 언어와 표현 언어에 어려움을 겪는 경향이 있다(Hayes & Norris, 1998).

수용 언어 기술이 낮은 이중특수 학생들은 구두 언어를 이해하는 데에 필요한 듣고 이해하는 능력이 부족하다. 이러한 결핍은 보유된 지식과 겉으로 드러난 지식 간의 차이를 만들고 사회적 상황에서 어려움을 유발시킨다. 구두 언어장애를 지닌 영재학생들은 청각의 손상은 없지만 기본적인 상위 인지 수준이 낮은 편이다. 이러한 이중특수 학생들은 말의 형태로 제시되는 어떠한 지시 사항도 이해하는 데에 어려움을 겪는다(Mather & Goldstein, 2001).

시나리오

Fredrick: 말 · 언어장애를 지닌 영재학생

Fredrick은 5살 때 말 · 언어장애로 판정받고, 말 · 언어 병리학자(SLP)를 찾기 시작했다. 그의 말 · 언어장애가 학업을 망치진 않았지만, Fredrick은 눈에 띌 만큼 말더듬을 하였다. 학업 면에서 그는 동급생들보다 훨씬 앞서 있었으며, 뛰어난 시공간 능력을 보여 주었다. 이러한 뛰어남 때문에 Fredrick의 선생님은 그에게 학교 영재교육 프로그램을 받도록 의뢰하였다.

1학년 말, Fredrick은 비언어성 개인 지능검사에서 영재성이 있음이 판명되었다. 그가 2학년이 되자, Fredrick의 부모님은 선생님과 말 · 언어 병리학자가 함께 만날 것을 요청하였다. 그리고 이들은 Fredrick의 독특한 요구가 모든 수업 시간마다 충족될 수 있는 방법을 논의하였다.

교사, 전문가와의 회의에서 Fredrick은 계속 치료를 받도록 결정되었다. 또한, Fredrick의 영재교사는 수업 시간에 말로 표현하도록 연습을 시키며, 말 대신에 표현할 다른 의사소통 방법을 활용하도록 하였다. 부모도 가정에서 말 · 언어 중재방법을 강화하기로 동의하였다.

교사를 위한 조언

말 · 언어장애를 지닌 영재학생을 가르치는 데에 필요한 조언은 말 · 언어 병리학자(SLP)와 상담하는 것부터 학생들에게 언어 표현을 대신할 방법을 찾아 주는 것에 이르기까지 다양하다. 교사는 이중특수 학생들을 장려하는 수용적인 교실환경을 만들어 나가야 한다.

1. 말 · 언어 병리학자와 협업하라. 교사는 수업 내용을 말 · 언어 병리학자에게 제공해야 한다. 교사와 말 · 언어 병리학자 사이의 의사소통은 이중특수 학생의 발달에 매우 중요한 역할을 한다. 모든 주변 사람들은 함께 협업하여 학생의 요구가 충족되는지 확인해야 한다(Hayes & Norris, 1998).

2. 자신을 좋은 연설의 역할 모델로 보여 주고, 수업을 통해 대화를 유도하라. 말 · 언어장애를 지닌 영재학생들은 수업 중에 말하기를 주저하기 때문에, 절대적으로 교사가 안전한 교육환경을 제공해 줄 필요가 있다. 한 가지 방법은 협동적인 모둠 학습 활동을 만드는 것이다. 작은 모둠은 이중특수 학생들에게 그다지 위협적이지 않으며, 자신을 충분히 표현할 수 있게 해 준다(Mather & Goldstein, 2001).

3. 말 · 언어장애를 지닌 학생들이 자신을 표현할 수 있는 대체 수단을 찾아라(Mather & Goldstein, 2001). 교실에서 가장 흔한 의사소통 형태는 말이다. 그러나 이것만이 전부는 아니다. 교사는 학생에게 가진 지식을 표현할 기회를 제공해 주어야 한다. 아마 이중특수 장애 학생은 글로 답을 쓸 수 있을 것이다. 또는 교사는 학생에게 공식적인 연

설이나 발표보다는 웹사이트를 만들면서 배운 점을 표현하도록 할 수도 있다.

부모를 위한 조언

말 · 언어장애를 지닌 영재 아이를 키우는 데에 필요한 조언은 다감각적인 가정환경을 만드는 것부터 가족끼리 낱말 게임을 하는 것까지 이른다. 이러한 내용은 음운적인 능력을 길러 줄 뿐만 아니라 말하기 능력에 대한 자신감도 키워 준다.

1. 말 · 언어 병리학자로부터 도움을 구하라. 말 · 언어 병리학자는 개인 언어치료를 하고 학교 임원들과 협업을 할 수 있다. 말 · 언어장애가 주원인인 학습장애 영재학생에게는 언어치료가 효과적임이 입증되어 왔다. 사실, 그들 중 많은 학생들은 치료를 받은 뒤 말하기 문제를 완벽하게 극복할 수 있었다(Hayes, 1993).

2. 집에서 구두 언어를 개발하라. 미국 학습장애(Learning Disabilities of America, 1999)에 따르면, 부모는 아이와 낱말 게임을 하면서 음운 능력을 키워 주어야 한다고 한다. 낱말 게임의 예로는 운율단어 맞추기 놀이, 그림 그리기, 혹은 그림 보고 이야기 꾸미기 놀이 등이 있다. 이러한 놀이는 음성학적인 규칙을 증진시키면서 말을 능숙하게 하는 일에 자신감을 갖게 해 준다.

3. 모든 감각을 자극시키는 가정 분위기를 제공하라. Cicci(1995)는 이중특수 학생들이 자신의 감각을 활용할수록 언어 능력이 더욱 향상된

다고 한다. 촉각, 후각, 미각, 시각, 청각을 통해 사물을 탐색하면 아이들은 보다 많은 경험을 할 수 있다. 부모는 아이들 옆에 앉아서 주변에 있는 사물을 묘사하도록 질문을 해야 한다.

정서 · 사회적인 문제

미국 학교에는 영재인 동시에 학습장애를 지닌 아이들의 수가 많다. 학업 그리고 지적인 특성과 함께, 이중특수 학생들은 꼭 해결해야 하는 특정한 정서 · 사회적인 욕구가 있다. 자기 확신감과 강한 자기 효능감을 형성하기 위해서 이 학생들은 제공되는 교수 학습 프로그램으로부터 성공을 경험하고, 긍정적인 강화를 받으며, 적절한 사회적 기술을 길러야 한다.

이 장에 제시된 정보는 이중특수 학생들의 정서 · 사회적 특징에 초점을 둔다. 정보는 모든 영재/학습장애 집단에 맞는 일반화된 내용이지만, 제안된 전략들은 경험 연구에 근거한 것이다. 그러나 이 제안들은 자격증을 가진 훈련된 심리학자의 서비스를 대신하기 위함이 아니다. 오히려 학교와 가정에서 자기 효능감을 높여 주기 위해 제안된 간단한 전략들이다.

Strop과 Goldman(2002)은 이중특수 학생들이 다음과 같은 정서 · 사회적 특징을 보인다고 한다—(a) 분노, (b) 실패에 대한 두려움, (c) 성공에 대한 두려움, (d) 낮은 자존감, (e) 통제의 강한 필요성(p. 28). 흥미롭게도 이러한 특징들은 낮은 학업 성취를 나타내는 비관적인 자아상을 반영한다. 사실, Olenchak과 Reis(2002)는 이중특수 학생들이 자신의 학교 경험을 우울하고 불운하게 묘사한다고 보고하고 있다.

자기 효능감을 향상시키기 위해서는 학생의 강점, 흥미, 우수한 지적 수용력에 초점을 둔 교수전략이 필요하다(Beckley, 1998). 앞 장에서 언급한 교수전략들 중 다수는 이러한 요구에 부합되도록 고안되었다. 다음의 조언들은 학습장애를 지닌 영재학생들이 세상에서 성공적으로 일할 수 있기 위해 필요한 능력을 기르는 데에 효과적임이 입증되었다.

교사에게 주는 조언

교사는 교실환경이 이중특수 학생들에게 끼치는 정서 · 사회적 영향을 고려해야 한다. 교실에서 학생들의 독특한 요구에 잘 맞는 다양한 교육 기회가 제공된다면 그들은 보다 교육적으로 그리고 사회적으로 성공할 수 있게 된다.

1. 지적으로 도전이 되는 교수법을 제공하여 학습환경을 격려하라. 이 전략은 이중특수 학생들에게 자신의 강점을 이용하도록 해 주기 때문에 정서 · 사회적인 수위를 높이는 데에 적합하다. 핵심적으로 교사는 이중특수 학생들에게 성공할 수 있는 학습 경험을 제공해 주어야 한다. 사실, Hua와 Coleman(2002)은 성공 경험은 자존감을 높여 주

고, 자신감을 갖게 해 주며, 자기 효능감을 증진시킨다고 한다.

2. 사사 프로그램을 구축하라(Olenchak & Reis, 2002). 이 프로그램은 학습장애를 지닌 영재학생들에게 적합한 것으로, 사회, 정서 그리고 학업 발달에 관여하는 성인으로부터 배울 기회를 제공해 준다. 학생들이 실제 상황을 경험함으로써 자신의 재능의 무한한 가능성을 보게 된다. 더 나아가서, 사사 프로그램은 이중특수 학생들에게 자존감과 자신감을 심어 주기 때문에 놀라운 교육 경험을 갖게 해 준다.

3. 이중특수 학생들이 성공을 경험할 수 있게 하라. Baum, Owen, 그리고 Dixon(1991)은 학습장애를 지닌 영재학생들이 성공을 경험하게 해 주는 입증된 전략에 관해 논의해 왔다. 이러한 전략들은 협동을 통한 모둠학습 활동을 짜는 것, 또래 교사를 활용하는 것, 하나의 큰 과제를 여러 개의 작은 과제로 분할하는 것, 그리고 칭찬을 통해 강화를 주는 것이 있지만, 이것이 전부는 아니다. 이 전략들은 자기 효능감과 자신감을 부각시켜 준다.

부모를 위한 조언

이중특수 학생들의 잠재력을 극대화하는 데에 있어서 가장 중요한 요인은 긍정적이고 확고한 가정환경이다. 부모는 아이가 교외 활동에 참여하도록 해야 하며, 아이가 학교와 사회에서 매일 겪는 좌절감을 들어주는 데에 시간을 투자해야 한다.

1. 자기 효능감을 높여 주는 방과 후 활동에 아이를 참여시켜라(Olenchak

& Reis, 2002). 지역사회 활동이나 스포츠 팀이나 학업 관련 모임 등, 학습장애 영재학생들은 이러한 활동에 참여함으로써 의미 있는 사회적 관계를 만들곤 한다. 더 나아가서, 그들은 강점을 극대화하고 장애를 보완하는 방법도 배우게 된다. 부모는 이중특수 학생이 방과 후 활동에 참여하도록 유도하는 것이 중요하다. 이 아이들은 자신의 강점을 잘 살릴 수 있는 기회를 필요로 한다.

2. 자존감을 향상시켜 주는 집단치료 프로그램을 찾아라. Olenchak과 Reis(2002)는 이중특수 학생들이 영재/학습장애 또래들이 참여한 프로그램으로부터 장점을 얻는다고 한다. 이러한 상황은 긍정적으로 작용한다. 왜냐하면 프로그램을 통해 이중특수 학생들은 비슷한 경험을 가진 사람들과 관계를 형성하게 되고, 또한 학습장애 영재학생들을 상담한 경험이 있는 전문가들이 집단상담 프로그램을 이끌기 때문이다.

3. 아이들에게 자기 좌절감을 다루도록 하라. 학습장애를 지닌 영재학생들은 학교와 가정에서 친구들과 어른들로 인해 많은 좌절감을 겪게 된다. 긍정적인 자존감을 기르기 위해서, 이중특수 학생들은 부모와 함께 자신이 느낀 좌절감에 대해 토론할 수 있어야 한다. 부모는 아이 옆에 앉아서 그날 일어난 일들에 대해서 토론해야 한다. 가장 완벽한 기회는 바로 저녁식사 시간이다. 가족만의 시간은 이중특수 학생들에게 자기 느낌과 감정을 털어놓도록 하며, 부모가 아이의 정서 상태를 비공식적으로 평가할 수 있도록 해 준다.

맺는 글

나는 교사이면서 연구원으로 이중특수 학생들을 다루어 왔다. 여러 방면에서 나는 영재학생들이 보이는 그대로 영재이고 장애가 없는 학생이라는 것을 알게 되었다. 그들은 똑똑하고, 날카로우며, 창의적이다. 그들은 그들의 영재성을 빛나게 하는 방식, 즉 강점에 중점을 둔 개별화 교육 계획을 필요로 한다.

나는 이 학생들이 사회성 기술도 부족할 뿐만 아니라 쉽게 좌절하고 무너지는 것을 발견하였다. 이중특수 학생들에게는 성공하도록 하는 교육 프로그램이 필요하다. 그들의 강점을 활용하여 장애를 보완하는 법을 배워야 한다.

교육기관과 부모는 이중특수 학생들과 함께 신뢰할 만한 형태의 평가를 사용하고 다면적인 교과 과정 프로그램을 구축해야 한다. 학습장애를 지닌 영재학생들의 잠재력을 극대화하는 데에 있어서 가장 중요한 점은 조기 판별이다. 부모와 교사는 이런 아이들의 특성을 알아야 한다. 일단 제대로 판별되면, 교육자들은 이중특수 학생들의 요구에 맞는 적절한 프로그램들을 개발할 수 있다.

더 읽을거리

웹사이트

All Kinds of Minds
http://www.allkindsofminds.org

채플힐에 있는 노스캐롤라이나 대학 부설 비영리 사설 기관으로, 아동의 성공을 도와주기 위한 강력한 프로그램 체계를 제공하고 있다. 이 사이트는 특정 유형의 능력을 다루는 논문과 아이디어를 갖고 있으며, 부모와 교육자를 위해 활동하고 있다.

Dyscalculia.org
http://dyscalculia.org

부모와 교사를 위한 다양한 자료를 제공하고 있다. 이 사이트는 난독증, 난산증, 또는 난서증에 관한 좋은 자료를 제공하고 있다.

LD-Online
http://ldonline.org

학습장애 학생에게 제공할 정보를 갖고 있다. 또한 이 사이트는 특수이중 장애 학생만을 위한 영역을 따로 갖고 있다.

Schwab Learning
http://schwablearning.org

학습장애 및 ADHD를 가진 어린아이들이 만족스럽고 생산적인 삶을 살아가도록 도와줄 자료를 제공하고 있다. 부모를 위한 효과적인 자녀 변호 방법에 관한 정보도 얻을 수 있다.

Sevier County Board Of Education
http://www.slc.sevier.org

IDEA와 제504조에 관한 전반적인 설명을 제공한다. 부모와 교사를 위한 자료도 있다.

기관

American Speech-Language-Hearing Association
10801 Rockville Pike
Rockville, MD 20852
(800) 638-8255 (Toll-free)
(301) 897-5700 (TTY)
(301) 571-0457 (fax)
http://www.asha.org

청각학, 말 · 언어 병리학, 말과 청각과학 분야 및 의사소통 장애인을 위한 변호사의 흥미를 증진시키고, 이 분야의 전문가를 위한 상위의 질 높은 서비스를 제공하고 있다.

Association of Educational Therapists
1804 W. Burbank Boulevard.
Burbank, CA 91506
(800) 286-4267
(818) 843-7423 (fax)
http://www.aetonline.org

새로운 행사와 협회 출판 목록을 갖고 있다.

The Council for Exceptional Children
1110 North Glebe Road, Ste. 300
Arlington, VA 22201-5704
(888) CEC-SPED
703-620-3660 (Local)
866-915-5000 (TTY: text only)
(703)-264-9494 (fax)
http://www.cec.sped.org

전문적인 발달에 관한 정보, 출판된 논문, 전문적인 기준과 공공 정책에 관한 정보, 게시판 공고 체계를 갖고 있다.

Council for Learning Disabilities
P.O. Box 4014
Leesburg, VA 20177
(571) 258-1010
(571) 258-1011 (fax)
http://www.cldinternational.org

학습장애 학생과 관련된 논쟁들을 다루는 국제 조직 기구로, 이 사이트에서는 회의와 법률 제정에 관한 정보를 얻을 수 있다.

ERIC Clearinghouse on Disabilities and Gifted Education
2277 Research Boulevard, 6M
Rockville, MD 20850
(800) 328-0272
http://ericec.org

모든 연령의 장애인과 영재의 교육과 발달에 관한 전문 문헌, 정보, 자료를 수집하고 제공한다.

The International Dyslexia Association
Chester Building, Ste. 382
8600 LaSalle Road
Baltimore, MD 21286-2044
(410) 296-0232
(410) 321-5069 (fax)

http://www.interdys.org

난독증을 가진 사람과 그 가족, 그들을 지원하는 지역 단체를 도와주는 비영리 조직이다. 이 사이트는 부모, 대학생, 교육자, 아동, 10대 청소년, 성인을 위한 영역으로 분리되어 있다.

Learning Disabilities Association of America (LDA)
4156 Library Road
Pittsburgh, PA 15234-1349
(412) 341-1515
(412) 344-0224 (fax)
http://www.ldanatl.org

학습장애 개인을 위한 교육 진흥을 도모한다. 더 나아가 학습장애 개인과 가족, 그리고 그들을 위해 일하는 전문가들을 지원한다.

National Center for Learning Disabilities
381 Park Avenue South, Ste. 1401
New York, NY 10016
(212) 545-7510
(888) 575-7373 (Toll-free)
(212) 545-9665 (fax)
http://www.ld.org

학습장애 아동과 성인을 지원하고 정보와 자료 및 의뢰 기관을 제공해 주는 국가 지도권을 제공한다. 이 사이트는 학습장애, 부모와 교사를 위한 조언, 법적 정보, 새로운 연구 소식, 인터넷 서버 정보 탐색자에 관한 많은 정보를 담고 있다.

부록 A. 제504조와 IDEA의 차이

프로그램 요소	제 504조	IDEA
종류	시민권리법	교육법과 시민권리법
기금	지방 기금	주/연방정부/지방 기금
행정기관	제504조 코디네이터	특수교육 기관장
서비스 도구	지원	개별화 교육 프로그램
장애	제504조항에 의거한 가능한 장애	IDEA에 의거한 연방정부 장애범주
부모	모든 팀 모임에 참여	모든 팀 모임에 참여
절차상 안전장치	부모 통보는 필수. 동의는 최상의 절차	부모 통보와 동의가 필수
평가	제504조에 의해 유자격자와 서비스를 결정해야 함	IDEA에 의해 유자격자와 서비스를 결정해야 함

주: From Section *504 Made Easy*, by Sevier County Board of Education, 2004b, Retrieved October 16, 2004, from http://www.slc.sevier.org/504easy.doc. Copyright ©2004 Sevier County Board of Education. Reprinted with permission.

부록 B. 제504조 계획안 개발을 위한 조언

물리적 시설 지원	교수 학습 지원	행동 지원
구조화된 환경 제공하기 • 칠판에 스케줄 붙이기 • 교실 규칙 붙이기 • 선호하는 좌석 배치(교사 근처, 집중 잘하는 학생 사이, 산만함에서 멀리 떨어져 배치) • 작업 공간 정리정돈하기 • 색깔 코드 사용하기	지시를 반복하고 단순화하기 • 구두 지시를 명확하고 단순하게 제시하기 • 예를 들어 주기 • 가능한 지시 사항을 반복하도록 요구하기 • 눈 맞춤 하기 • 시범 보이기	긍정적인 강화 사용 • 언어 또는 글로 긍정적인 피드백 주기 • 보상 체계와 강화물 정하기 • 완성할 수 있는 과제를 제공하기 • 개인 신호 정하기 • 역할놀이 환경 만들기 • 주중 개인 시간 제공하기 • 회의할 기회 갖기
개인 작업 공간 제공하기 • 공부를 위한 조용한 공간 • 보조의자나 책상 • 서서 작업하는 장소 • '타임아웃' 장소	글의 형태로 지시 전달하기 • 칠판에 • 워크시트에 • 교사가 먼저 시작하고 학생이 과제 알림장에 베끼기	일관성 유지 • 보상과 결과에서 • 정해서 게시된 규칙 준수에서

물리적 시설 지원	교수 학습 지원	행동 지원
학습 센터 제공하기 • 읽기 코너 • 듣기 코너 • 조작 코너	개별 숙제 과제 • 과제의 양 줄이기 • 장기 과제를 다룰 수 있는 과제로 쪼개기 • 늦게 하면 처벌 없이 시간을 늘려 주기 • 대체 과제 제공하기 • 가정에서 사용할 여분의 교과서 제공하기	리더십과 책임감 증진시키기 • 수행을 잘할 수 있는 직업 배정하기 • '그 주/그 달의 학생'으로 선정하기 • 책임을 지도록 하기
	학습 보조 기자재 사용하기 • 녹음기 • 녹음된 강의록과 과제 • 컴퓨터 • 다감각적 조작기구	특정한 목적을 정하고 보상물로 강화하기 • 구체적인 목적과 시간표 언급하기 • 보상 체계 만들기 • 과제와 행동에 대한 보상 차트 작성하기 • 학생과 계약 맺기
	수정된 시험 • 방해받지 않는 곳 • 시간을 더 많이 줌	부모와 교사 의사소통하기 • 편지로 • 모임으로 • 전화로 • 교직원의 지원을 활용하기

주: From *Tips for Teachers on Developing 504 Accommodation Plans*, by Sevier County Board of Education, 2004c, Retrieved October 16, 2004, from http://www.slc.sevier.org/teachertips504behaviorplans.doc Copyright ©2004 Sevier County Board of Education. Reprinted with permission.

부록 C. 학생의 강점 조사표

이름: 날짜:

최선을 다해 다음의 질문에 답하세요.

1. 잘하는 것은 무엇입니까?

2. 잘 못하는 것은 무엇입니까?

3. 학교에서 가장 좋아하는 것은 무엇입니까?

4. 학교에서 가장 싫어하는 것은 무엇입니까?

5. 학업 기술 중에서 어떤 것을 가장 증진시키고 싶습니까?

6. 사회적 기술 중에서 어떤 것을 가장 증진시키고 싶습니까?

부록 D. 주간 진보 보고서

_______________의 주간 보고서

다음의 내용을 읽고 서명해 주십시오. 그리고 이 보고서를 학교에 다시 제출하시기 바랍니다. 보고서 내용과 관련하여 궁금하신 점이나 함께 상의하고 싶은 부분이 있으면 저에게 연락 주십시오.

이름: _____

시간: _____ 요일 _____ 시부터 _____ 시까지

장소: _____

내용	목표
_____	모든 수업과제를 다 완수함.
_____	모든 숙제를 다 완수함.
_____	수업 시간을 슬기롭게 사용함.
_____	다루는 개념들을 이해함.
_____	수업 활동과 토론에 참여하여 공헌함.
_____	적절하게 행동함.
_____	다른 학생의 권리를 존중함.
_____	권위(자)를 존중함.

주: From *Weekly Progress Report*, by Education World.com, 2003, Retrieved July 31, 2005, from http://www.educationworld.com/tools_templates/WeeklyProgressReports.doc. Copyright ©2003 by EducationWorld.com. Adapted with permission of the author.

부록 E. SCAN & RUN

S: Survey = 제목을 조사하고 그것을 질문으로 바꾸기

'제목을 조사하기'란 큰 제목, 작은 제목, 본문의 소제목 등을 훑어보고, 각각에 대해 무엇을? 왜? 또는 어떻게? 라는 질문을 해 보는 것을 의미한다. 이 단서는 선택된 곳을 읽을 때 답변할 주요 질문들을 확인하도록 도와준다.

C: Capture = 표제와 시각 자료를 파악하기

'표제와 시각 자료를 파악하기'는 각 표제나 시각 단어를 이해하려고 노력하고 읽으며, 표제와 시각 단어들이 무엇을 의미하는지를 자신에게 물어보는 과정이다.

A: Attack = 굵은 글씨로 쓰인 단어를 공략하기

'굵은 글씨로 쓰인 단어를 공략하기'는 발췌된 본문에서 주요하게 눈에 띄는 부분을 읽고 각 단어가 의미하는 바를 파악하는 것을 의미한다. 주요한 어휘 단어는 주로 굵은 글씨로 씌어 있거나 밑줄이 쳐져 있어서 발췌하기 시작할 때 쉽게 발견할 수 있거나 본문에서 통합할 수 있게 된다.

N: Note = 각 장의 질문을 읽고 기록하기

'각 장의 질문을 읽고 기록하기'는 발췌문을 읽기 전에 각 장의 끝에 있는 질문을 읽는 것을 의미한다. 이 단서는 질문에 답하는 것에 초점을 두면서 글을 읽도록 도와준다.

R: Read = 읽고 속도를 조절하기

'읽고 속도를 조절하기'란 자신의 읽기 속도를 발췌문의 난이도 수준에 따라 변화시키는 것을 의미한다. 이 단서는 본문에 있는 단어의 의미를 더 잘 이해하기 위해 읽는 속도를 느리게 하거나 빠르게 하도록 도와준다.

U: Use = 소리를 내어 읽거나, 문장에서 다른 단어를 단서로 찾아보거나, 또는 잘 모르는 단어를 부분으로 쪼개어 보는 등의 읽는 단어 인식 기술을 사용하기

이 전략은 발음하기 어려운 것을 읽을 때 모르는 단어를 파악하도록 도와주는 방법을 찾게 해 준다.

N: Notice = 이해하지 못하는 부분을 주목해서 점검하고 다시 읽어 보기

'부분을 주목하고 체크하기'란 발췌된 본문에서 이해하지 못하는 부분 옆의 여백에 표시를 해 두고, 그 부분을 다시 읽도록 결정하거나 혹은 읽기를 끝마친 후에 다시 그 부분으로 돌아가거나 넘어가는 것을 포함한다.

주: From "SCAN and RUN: A Reading Comprehension Strategy That Works," by G. B. Salembier, 1999, *Journal of Adolescent and Adult Literacy*. Copyright ©1999 by *Journal of Adolescent and Adult Literacy*. Adapted with permission.

참고문헌

Academy of Orton-Gillingham Practitioners and Educators (2004). *What is the Orton-Gillingham approach?* Retrieved January 7, 2005, from http://www.ortonacademy.org/approach.html

Adler, B. (2001). *What is dyscalculia?* Retrieved July 31, 2005, from http://www.dyscalculiainfo.org

American-Speech-Language-Hearing Association. (2003). Code of ethics (Revised). *ASHA Supplement*, *23*, 13-15.

Babbit, B. C. (1999). 10 tips for software selection for math instruction. *LD-Online Newsletter*. Retrieved August 5, 2005, from http://www.ldonline.org/ld_indepth/technology/babbitt_math_tips.html

Baum, S. (1990). *Gifted but learning disabled: A puzzling paradox*. (ERIC EC Digest #E479). Reston, VA: ERIC Clearinghouse on Disabilities and Gifted Education. (ERIC Document Reproduction Service No. ED321484).

Baum, S. M., Owen, S. V., & Dixon, J. (1991). *To be gifted and learning disabled: From identification to practical intervention strategies*. Mansfield Center, CT: Creative Learning Press.

Beckley, D. (1998). Gifted and learning disabled: Twice-exceptional students. *NRC/CT 1998 Spring Newsletter*. Retrieved August 5, 2005, from http://www.gifted.uconn.edu/nrcgt/news letter/spring98/sprng984.html

Bergert, S. (2000). *The warning signs of learning disabilities*. (ERIC EC

Digest #E603). Reston, VA: ERIC Clearinghouse on Disabilities and Gifted Education. (ERIC Document Reproduction Service No. ED449633).

Brody, L. E. & Mills, J. C. (1997). Gifted children with learning disabilities: A review of the issues. *Journal of Learning Disabilities*, *30*, 282-297.

Bull, L. (2003). The use of support group by parents of children with dyslexia. *Early Child Development and Care*, *173*, 341-347.

Cicci, R. (1995). *What is wrong with me? Learning disabilities at home and school*. Timonium, MD: York Press.

Cline, S., & Schwartz, D. (1999). *Diverse populations of gifted children*. Upper Saddle River, NJ: Prentice Hall.

Cooper, E. E., Ness, M., & Smith, M. (2004). A case study of a child with dyslexia and spatial-temporal gifts. *Gifted Child Quarterly*, *48*, 83-94.

Cooper, J. D. (2000). *Literacy: Helping children construct meaning* (4th ed.). New York: Houghton Mifflin Company.

deBettencourt, L. U. (2002). Understanding the differences between IDEA and Section 504. *Teaching Exceptional Children*, *34*(3), 16-23.

Fetzer, E. A. (2000). The gifted/learning-disabled child: A guide for teachers and parents. *Gifted Child Today*, *23*(4), 44-51.

EducationWorld.com (2003). *Weekly progress report*. Retrieved July 31, 2005, from http://www.education-world.com/tools_templates/WeeklyProgressReport.doc

Geary, D. C. (1999). Mathematical disabilities: What we know and don't know. Retrieved July 25, 2005, from http://www.ldonline.org/ld_indepth/math_skills/geary_math_dis.html

Hannah, C. L., & Shore, B. M. (1995). Metacognition and high intellectual ability: Insights from the study of learning disabled gifted students. *Gifted Child Quarterly*, *39*, 95-110.

Hayes, P.A. (1993). *An examination of the spontaneously generated and retold narratives produced by gifted/learning disabled adolescents from an integrated perspective of language development*. Unpublished doctoral dissertation, Louisiana State University, Baton Rouge.

Hayes, P. A., & Norris, J. (1998). Evidence of language problems in underachieving gifted adolescents: Implications for assessment. *Journal of*

Secondary Gifted Education, *9*, 179–194.

Herold, J. (2003). Teaching methods for dyslexic children. *Dyslexia Online Magazine*. Retrieved October 24, 2004, from http://www.dyslexia-parent.com/mag42 .html

Hua, C. B., & Coleman, M. R. (2002). Preparing twice-exceptional children for adult lives: A critical need. *Understanding Our Gifted*, *14*(2), 17–19.

Individuals with Disabilities Education Improvement Act of 2004, U.S.C. 118, § 2647 (2004).

International Dyslexia Association (2000). *Dyslexia basics*. Retrieved October 5, 2004, from http://www.interdys.org/pdf/basics.pdf

Jongsma, K. (1999/2000). Vocabulary and comprehension strategy development. *The Reading Teacher*, *53*, 310–312.

Keller, E. (2004). *Dyscalculia*. Retrieved October 29, 2004, from http://www.as.wvu.edu/~scidis/dyscalcula.html

Learning Disabilities of America (1999). Nurturing oral language skills in infants and young children. Retrieved November 6, 2004, from http://www.ldonline.org/ld_indepth/speech-language/lda_oral_jang.html

Lidz, C. S. (2002). Mediated learning experience (MLE) as a basis for alternative approach to assessment. *School Psychology International*, *23*, 68–84.

Little, C. (2001). A closer look at gifted children with disabilities. *Gifted Child Today*, *24*, 46–52.

MATHCOUNTS Foundation (2004). *Problem solving strategies*. Retrieved November 9, 2004, from http://www.mathcounts.org/webarticles/articlefiles/155Problem%20Solving.pdf

Mather, D. S. (2003). Dyslexia and dysgraphia: More than written language difficulties in common. *Journal of Learning Disabilities*, *36*, 307–317.

Mather, N., & Goldstein, S. (2001). Thinking with language, images, and strategies. Retrieved July 25, 2005, from http://www.ldonline.org/ld_indepth/speech-language/thinking_with_language.html

McGuire, K. L., & Yewchuk, C. R. (1996). Use of metacognitive reading strategies by gifted/learning disabled students: An exploratory study. *Journal for the Education of the Gifted*, *19*, 293–314.

Montague, M. (1991). Gifted and learning-disabled/gifted students' knowledge and use of mathematical problem-solving strategies. *Journal for the Education of the Gifted, 14*, 393-411.

National Association for Gifted Children (2004). *Legislative update. 108th Congress wrap-up*. Retrieved January 7, 2005, from http://www.nagc.org/Policy/update.html

Newman, R. M. (1998). *Gifted and math learning disabled: The dyscalculia syndrome*. Retrieved July 31, 2005, from http://www.dyscalculia.org/Edu561.html

Newman, R. M. (1997). *Memorizing facts: A multi-sensory solution*. Retrieved July 31, 2005, from http://www.dyscalculia.org/MemFacts.html

Olenchak, F. R., & Reis, S. M. (2002). Gifted students with learning disabilities. In M. Neihart, S. M. Reis, N. M. Robinson, & S. M. Moon (Eds.) *The social and emotional development of gifted children: What do we know?* (pp. 177-191). Waco, TX: Prufrock Press.

Rehabilitation Act of 1973, 29 U.S.C. § 701 et seq. (1973).

Richards, R. C. (1999). Strategies for dealing with dysgraphia. *LD-Online Newsletter*. Retrieved October 30, 2004, from http://www.ldonline.org/ld_indepth/writing/dysgraphia_strategies.html

Rock, M. L. (2005). Use of strategic self-monitoring to enhance academic engagement, productivity, and accuracy of students with and without exceptionalities. *Journal of Positive Behavior Interventions*, *7*, 3-17.

Rosenfield, S. J. (n.d.). *Section 504 and IDEA: Basic similarities and differences*. Retrieved July 25, 2005, from http://www.ldonline.org/ld_indepth/legal_legislative/edlaw504.html

Salembier, C. B. (1999). SCAN and RUN: A reading comprehension strategy that works. *Journal of Adolescent & Adult Literacy*, *42*, 386-394.

Shaywitz, S. E., & Shaywitz, B. A. (2004). Reading disability and the brain. *Educational Leadership*, *61*(6), 6-11.

Siegle, L. M. (2004). *The complete guide: How to advocate for your special ed child* (3rd ed.). Berkeley, CA: Nolo.

Sevier County Department of Special Education (2004a). *Individuals with Disabilities Education Act*. Retrieved October 16, 2004, from http://www.

slc.sevier.org/idealong.htm

Sevier County Department of Special Education (2004b). *Section 504 made easy*. Retrieved October 16, 2004, from http://www.slc.sevier.org/504easy.doc

Sevier County Department of Special Education (2004c). *Tips for teachers on developing 504 accommodation plans*. Retrieved October 16, 2004, from http://www.slc.sevier.org/teachertipson504behaviorplans.doc

Smith, T. E. C. (2002). Section 504: What teachers need to know. *Intervention in School and Clinic*, *37*, 259-266.

Stringer, S. J., Morton, R. C., & Bonikowski, M. H. (1999). Learning disabled students: Using process writing to build autonomy and self-esteem. *Journal of Instructional Psychology*, *26*, 196-201.

Strop, J., & Goldman, D. (2002). The affective side: Emotional issues of twice-exceptional students. *Understanding Our Gifted*, *14*(2), 28-29.

Swanson, H. L. (2001). Research on interventions for adolescents with learning disabilities: A meta-analysis of outcomes related to higher-order processing. *The Elementary School Journal*, *101*, 331-348.

U.S. Department of Education Office of Intergovernmental and Interagency Affairs (2002). *Helping your child become a reader*. Washington, DC: Author.

Vaidya, S. R. (1993). Gifted children with learning disabilities: Theoretical implication and instructional challenge. *Education*, *113*, 568-574.

Winebrenner, S. (2002). Strategies for teaching twice-exceptional students. *Understanding Our Gifted*, *14*(2), 3-6.

Winebrenner, S. (2003). Teaching strategies for twice-exceptional students. *Intervention in School and Clink*, *38*, 131-137.

Yates, C. M. Berninger, V. W., & Abbott, R. D. (1995). Specific writing disabilities in intellectually gifted children. *Journal for the Education of the Gifted*, *18*, 131-155.

Yell, M. L. (1998). *The law and special education*. Upper Saddle River, NJ: Prentice Hall.

sk.sevier.org/ideliong.htm

Sevier County Department of Special Education (2004b). *Section 504 fact sheet*. Retrieved October 16, 2004, from http://www.sk.sevier.org/504 [illegible].doc

Sevier County Department of Special Education (2004c). *Tips for teachers on developing 504 accommodation plans*. Retrieved October 16, 2004, from http://www.sk.sevier.org/[illegible]

Smith, T. E. C. (2002). Section 504: What teachers need to know. [illegible]
[illegible]

찾아보기

저자 소개

Kevin Besnoy는 미국 서던미시시피 대학교(University of Southern Mississippi)에서 교육과정, 교수 학습 및 특수교육에서 영재교육 전공으로 박사학위를 받았다. 2003~2004년도 학년기 동안 그는 "영재/장애 청소년의 판별, 선발 및 교수 학습을 위한 적합한 실습"이라는 타이틀을 지닌 연구기금의 프로젝트 코디네이터로 일했다. 또한 "프란시스 칸스 영재 연구 센터(The Frances A. Karnes Center for Gifted Studies)"에서 일하면서, 영재 아동국가협의회(NAGC)의 회원으로 적극적으로 활동하고 있다. 그의 연구 관심 분야는 영재교육 교과과정으로의 기술 통합 및 위험 영재 청소년을 위한 조력 등이다.

역자 소개

윤여홍

이화여대를 졸업하고 서울대에서 석사학위를 받은 뒤 미국 Texas A&M 대학에서 교육심리학으로 박사학위를 받았다. 현재 정신보건 1급 임상심리전문가로서 KAGE심리교육상담연구소 소장 및 아주대학교 교육대학원 겸임교수로 근무하면서 강의와 연구 및 임상활동을 병행하고 있다. 영재 판별, 프로그램 개발, 영재의 정서발달 교육, 부모와 아동 심리검사와 상담을 실시하고 있으며, 특히 영재의 정신건강과 주의력결핍이나 학습장애, 아스퍼거 등을 가진 영재에 관심을 갖고 집중적으로 연구하고 치료교육 및 상담에 힘쓰고 있다.

■ **주요 저서 및 논문**

- 영재의 심리적 특성과 정서발달을 위한 상담
- 부모와 교사를 위한 특수아 상담의 이해
- 지금 키워야 할 우리아이 숨은 재능
- 영재교육학원론

이중특수 학생을 위한 성공전략

Successful Strategies for Twice-Exceptional Students

초판 인쇄 | 2008년 10월 10일
초판 발행 | 2008년 10월 15일
저　　자 | Kevin D. Besnoy, Ph.D.
역　　자 | 윤여홍
발 행 인 | 홍진기
발 행 처 | 아카데미프레스

주　　소 | 122-900 서울시 은평구 역촌2동 58-9
부호아파트 102동 상가3호
전　　화 | (02)2694-2563
팩　　스 | (02)2694-2564
웹사이트 | www.academypress.co.kr
등 록 일 | 2003. 6. 18
I S B N | 978-89-91517-31-8

가격 6,000원